Couverture : © DR + Durand-Peyroles

Traduction : © Patrick Allen

ISBN 978-2-915723-62-5

LA PERTE DU
TITANIC

Titre original :

The loss of the S. S. *Titanic*
Its Story and its Lessons.

Lawrence Beesley

LA PERTE DU
TITANIC

LE TÉMOIGNAGE D'UN RESCAPÉ

* * *

L'histoire du naufrage et ses leçons

"All the News That's
Fit to Print."

The New York Times.

THE WEATHER.

Unsettled Tuesday, Wednesday,
fair, cooler; moderate southerly
winds, becoming variable.
⚞For full weather report see Page 22.

VOL. LXI...NO. 19,806.

NEW YORK, TUESDAY, APRIL 16, 1912.—TWENTY-FOUR PAGES.

ONE CENT　In Greater New York,　{ Elsewhere,
　　Jersey City and Newark.　　 TWO CENTS.

TITANIC SINKS FOUR HOURS AFTER HITTING ICEBERG; 866 RESCUED BY CARPATHIA, PROBABLY 1250 PERISH; ISMAY SAFE, MRS. ASTOR MAYBE, NOTED NAMES MISSING

Col. Astor and Bride, Isidor Straus and Wife, and Maj. Butt Aboard.

"RULE OF SEA" FOLLOWED

Women and Children Put Over in Lifeboats and Are Supposed to be Safe on Carpathia.

PICKED UP AFTER 8 HOURS

Vincent Astor Calls at White Star Office for News of His Father and Leaves Weeping.

FRANKLIN HOPEFUL ALL DAY

Manager of the Line Insisted Titanic Was Unsinkable Even After She Had Gone Down.

HEAD OF THE LINE ABOARD

J. Bruce Ismay Making First Trip on Gigantic Ship That Was to Surpass All Others.

The admission that the Titanic, the biggest steamship in the world, had been sunk by an iceberg and had gone to the bottom of the Atlantic, probably carrying more than 1,600 of her passengers and crew with her, was made at the White Star Main offices, 9 Broadway, at 8:30 o'clock last night. Then P. A. S. Franklin, Vice President

Biggest Liner Plunges to the Bottom at 2:20 A. M.

RESCUERS THERE TOO LATE

Except to Pick Up the Few Hundreds Who Took to the Lifeboats.

WOMEN AND CHILDREN FIRST

Cunarder Carpathia Rushing to New York with the Survivors.

SEA SEARCH FOR OTHERS

The California Stands By on Chance of Picking Up Other Boats or Rafts.

OLYMPIC SENDS THE NEWS

Only Ship to Flash Wireless Messages to Shore After the Disaster.

LATER REPORT SAVES 866.

BOSTON, April 15.—A wireless message picked up late to-night, relayed from the Olympic, says that the Carpathia is on her way to New York with 866 passengers from the steamer Titanic aboard. They are mostly women and chil-

The Lost Titanic Being Towed Out of Belfast Harbor.

La "une" du *New York Times* annonçant la tragédie.

AVANT-PROPOS

LAUWRENCE BEESLEY voyageait à bord du *Titanic* en ce mois d'avril 1912, lorsque le plus grand paquebot construit au monde sombra dans les eaux glacées de l'Atlantique au cours de cette nuit fatale d'avril 1912. L'auteur rédigea ce livre, qui fut publié neuf semaines seulement après le désastre, pour témoigner et faire part de ses impressions et celles des nombreuses personnes rescapées du drame.

Les questions qui se posaient dès l'arrivée du *Carpathia* à New York attendaient des réponses : est-ce que le naufrage du *Titanic* aurait pu être évité ? Y avait-il un défaut majeur dans la conception du navire ? Est-ce que le *Titanic* s'est brisé en deux parties lors du naufrage ? Pourquoi tant de personnes périrent-elles dans la catastrophe ?

Un siècle après, avec la découverte et ensuite l'exploration de l'épave, grâce aux nombreuses avancées technologiques, nous possédons une partie de ces réponses. Mais l'auteur pointe sur de nombreuses négligences, tant sur l'organisation de la navigation que la mise à disposition de moyens suffisants pour le sauvetage en cas de naufrage. Et, surtout, depuis l'époque où ces événements ont eu lieu, les nombreux naufrages civils qui ont émaillé le XXᵉ siècle démontrent que les leçons tirées de la catastrophe du *Titanic* – devenue mythique – n'ont pas toujours été comprises. Mais beaucoup aussi, il faut le souligner, a été fait dans le domaine de la prévention des risques et de la formation des équipages, sans parler bien sûr des innombrables progrès technologiques, en matière de communication et suivi de la course des navires sur les océans. Cela est en grande partie l'héritage de la catastrophe du *Titanic*.

Vous constaterez, à la lecture de ce très précieux témoignage, que l'auteur fait très souvent part de son *sentiment*, de ce qu'il a *ressenti*, de ce qu'il a *pensé*, lors de cette nuit effroyable. Lui, mais aussi les autres passagers. Il y a souvent du *doute* et du *conditionnel*, du *questionnement*, des conditions nécessaires pour que ce témoignage ne soit pas une preuve à charge contre quiconque dans cette affaire. L'auteur n'affirme pas, *il suggère, il pense, il lui semble que...* avec parfois beaucoup d'insistance et de répétitions. Il le reconnaît lui-même, mais il n'a pas cherché à produire ici une œuvre littéraire, mais bien un témoignage pris sur le vif et rédigé par épisode alors qu'il était encore sur le pont du *Carpathia*. C'est un rapport encore empreint des impressions d'une expérience récente.

Lawrence Beesley dit souvent, d'ailleurs, que la responsabilité de ce désastre est générale et multiple, c'est celle d'une époque, du mode de fonctionnement d'une société qui vit encore avec la mentalité du XIXᵉ siècle, mais avec des machines et des besoins qui annoncent ceux du XXᵉ. Les paquebots deviennent de plus en plus grands, de plus en plus puissants et rapides, mais ils se manœuvrent presque encore comme les *steamers* de 1860... Sans doute fallait-il que soient sacrifiés ce merveilleux navire et les mille cinq cents âmes qui ont péri à deux heures du matin dans une nuit glaciale au milieu de l'Atlantique, pour que s'éveillent les consciences...

Deux ans plus tard après ce naufrage, un autre drame, encore plus terrible, va assombrir l'humanité, la Première Guerre mondiale.

L'épopée du *Titanic* est devenue un mythe : elle passionne encore et toujours, même après un siècle. Elle n'est pas encore tout à fait remisée dans les rayonnages de l'Histoire ; elle illustre la fin d'un monde et la difficile naissance d'un autre. Elle nous interpellera longtemps encore et deviendra, dans les siècles futurs, une sorte d'Atlantide chargée de mystères et d'enseignements.

Sans doute devons-nous cela aux victimes.

———

PRÉFACE

———

Les circonstances qui m'ont amené à écrire ce livre sont les suivantes : Cinq semaines environ après l'arrivée, à New York, des survivants du *Titanic*, Maîtres Samuel J. Eleder et Charles T. Gallagher – deux célèbres avocats de Boston – m'invitèrent à déjeuner. À la fin du repas, ils me demandèrent de relater, devant les personnes présentes, les épreuves vécues par les rescapés, depuis l'évacuation du *Titanic* jusqu'à l'embarquement à bord du *Carpathia*.

M. Robert Lincoln O'Brian, rédacteur en chef du *Boston Herlad*, me pria instamment, après cette relation – et pour des raisons d'intérêt public –, d'écrire une histoire exacte du désastre du *Titanic*. Il fondait sa motivation sur le fait qu'il savait que des personnes, non présentes à bord lors de la catastrophe, préparaient des publications basées sur des articles de journaux qu'ils avaient rassemblés. Il ajouta que ces récits seraient probablement erronés, remplis de détails hauts en couleur, et surtout destinés à déranger le public à ce sujet. De plus, il était soutenu dans sa requête par tous ceux qui étaient présents et, sous la pression générale, je l'accompagnais chez ces Messieurs de la *Houghton Mifflin Company* où nous discutâmes sur le projet de mon ouvrage.

À ce moment-là, ces Messieurs furent du même avis que moi, à savoir qu'il n'était pas prudent de consigner les incidents liés au naufrage du *Titanic* ; il nous semblait même préférable d'oublier ces détails aussi vite que possible. Malgré tout, nous décidâmes de nous accorder quelques jours de réflexion.

Lors de notre rencontre suivante, nous fûmes à nouveau d'accord… mais cette fois-ci sur le fait qu'il était sans doute plus sage d'écrire une histoire de la catastrophe du *Titanic* la plus exacte possible.

J'étais conforté dans cette décision par le fait qu'un bref récit, rédigé de ma main par épisodes réguliers – alors que j'étais à bord du

Carpathia –, dans l'espoir que cela pourrait calmer l'opinion publique en énonçant la vérité de ce qui s'était passé, en restant aussi près de ce que je pouvais m'en souvenir était paru dans tous les journaux américains, anglais et coloniaux ; ce compte-rendu eut exactement l'effet que j'avais désiré. Cela me conforta dans l'espoir que cet ouvrage fera de même.

Une autre question m'aida à prendre cette décision : le devoir que nous, les survivants de la catastrophe, avons envers ceux qui sombrèrent avec le navire, de veiller à ce que les réformes, si urgentes, ne soient pas oubliées. Quiconque lira le récit de ces cris venus de la mer vers nous, ces appels désespérés de ceux qui disparurent dans les eaux glacées, doit se rappeler qu'ils étaient adressés autant à lui, lecteur, qu'à nous, qui les avons entendus, et que le devoir de veiller à ce que ces réformes soient mise en œuvre incombe à quiconque qui sait que de tels cris furent entendus dans une totale impuissance, la nuit où le *Titanic* sombra.

Le *Titanic*, lors de l'aménagement des équipements
et des installations intérieures.

CHAPITRE I

L'histoire du RMS *Titanic*, de la *White Star Line*, est l'une des plus courtes et tragiques qu'il soit possible de concevoir. Le monde avait impatiemment attendu son lancement et aussi son départ. Il avait lu les articles sur ses dimensions considérables et ses aménagements luxueux sans pareils. Il avait ressenti de la plus grande satisfaction qu'un tel navire, si confortable, et surtout si sûr, puisse être conçu et construit – « le navire de survie insubmersible » – et ensuite, à un moment, d'entendre qu'il s'en était allé par le fond comme s'il ne s'agissait que d'un vulgaire cargo de quelques centaines de tonneaux, emportant avec lui mille cinq cents passagers ; certains d'entre eux étaient mondialement connus ! L'improbabilité qu'un tel événement puisse survenir stupéfia l'humanité.

Si l'histoire de ce navire devait être résumée en un seul paragraphe, cela pourrait être ainsi :

« Le RMS *Titanic* fut construit par Messieurs Harlands & Wolff, dans leurs célèbres chantiers navals de Queen's Island à Belfast, en même temps que son frère, l'*Olympic*. Pour participer à la construction des vaisseaux jumeaux, dont les emprises étaient supérieures à l'habitude, des ateliers de menuiserie et de chaudronnerie furent spécialement aménagés, et l'espace habituellement occupé par trois navires en chantier leur fut attribué. La quille du *Titanic* fut posée le 3 mars 1909, et le navire mit à l'eau le 31 mai 1911. Il effectua ses essais à Belfast devant les officiels du *Board of Trade* [1] le 31 mai 1912 ; arrivait à Southampton le 4 avril, et appareilla le mercredi suivant, 10 avril, avec 2 208 passagers et

---

1. Ministère britannique du Commerce.

membres d'équipage, pour son voyage inaugural vers New York. Il fit une escale à Cherbourg ce même jour, puis à Queenstown en Irlande le jeudi. Dans l'après-midi, il leva l'ancre pour effectuer sa traversée vers New York, l'arrivée étant attendue pour le vendredi suivant en matinée. Mais le voyage ne fut jamais achevé. Le *Titanic* entra en collision avec un iceberg dans la nuit du dimanche, à 23 heures 45, à la latitude de 41° 46' nord, et longitude de 50° 14' ouest. Il sombra deux heures et demie plus tard. 815 passagers et 688 membres d'équipage périrent noyés ; 705 personnes furent secourues par le *Carpathia*. »

Telle est l'histoire du *Titanic*, le plus grand navire que le monde n'a jamais vu – plus long de 8 cm que l'*Olympic*, avec 1 000 tonnes de jauge brute en plus – et sa fin fut la plus grande catastrophe maritime connue. L'ensemble du monde civilisé fut profondément ému lorsqu'il apprit l'importance des pertes, et il ne s'est pas encore remis de ce choc. Et c'est, sans aucun doute, une bonne chose. Il ne devrait pas s'en remettre tant que la possibilité qu'un tel désastre puisse se répéter ne sera pas entièrement effacée de la société humaine, que ce soit par des législations propres à chaque pays ou par une convention internationale. Aucune personne vivante ne devrait chercher à penser, ne serait-ce qu'un instant, à un tel désastre, sauf à s'efforcer d'en glaner quelque connaissance dont le monde entier pourra, dans le futur, tirer profit. Lorsqu'un tel savoir sera appliqué dans la construction, l'équipement et la navigation des navires transportant des passagers – et pas avant – alors, il sera temps de cesser de penser à la catastrophe du *Titanic* et à ses centaines d'hommes et de femmes sacrifiées en vain.

Quelques mots, à propos de la construction et de l'équipement des navires, seront nécessaires pour la compréhension d'un grand nombre de points qui apparaîtront durant la lecture de ce livre. Nous avons ajouté quelques figures[1] qui, nous l'espérons, aideront le lecteur à suivre les événements de plus près qu'il ne pourrait le faire sans elles.

Les raisons qui ont inspiré les concepteurs du *Titanic* à le dessiner avec les lignes sur lesquelles il fut construit furent celles de la vitesse, du poids de déplacement, des aménagements pour les passagers et la

1. Voir en fin d'ouvrage.

capacité de fret. Naviguer à grande vitesse revient cher, car le coût initial de la puissance mécanique nécessaire est énorme, les dépenses engagées pour le fonctionnement sont très lourdes et les aménagements, pour les passagers et le fret, doivent être finement ajustés pour que la résistance de pénétration dans l'eau soit la plus faible possible, tout en conservant un poids raisonnable. En raison de ces dimensions importantes, le constructeur se retrouve immédiatement confronté à la question de l'aménagement des structures des ports où le navire devra accoster.

Si le déplacement total[1] est très important, tandis que l'on garde des lignes effilées pour la vitesse, la limite du tirant d'eau pourra être atteinte. Aussi, le *Titanic* a été bâti avec des lignes plus larges que celles des coureurs d'océans, augmentant ainsi son déplacement total. Mais, en raison de ses lignes plus larges, il lui était possible de rester dans les limites du tirant d'eau[2] de chacun des ports où il devait faire escale. En même temps, le navire pouvait accueillir plus de passagers et transporter plus de fret et, par conséquent, augmenter considérablement ses capacités de profits.

Une comparaison entre le *Mauretania* et le *Titanic* illustre les différences sur ses aspects :

	Déplacement	Puissance	Vitesse en nœuds
Mauretania	44 640 t.	70 000 cv	26
Titanic	60 000 t.	46 000 cv	21

Le navire, une fois terminé, mesurait 269,13 m. de longueur et 28,19 m. dans sa plus grande largeur ; sa hauteur, de la quille à la passerelle, était de 31,70 m. Il comportait 8 ponts en acier, un double fond compartimenté, avec un écart de 1,60 m entre les deux parois (les « peaux » intérieures et extérieures) ; des quilles antiroulis de 60 cm de hauteur s'étendaient sur 91 m. tout au long de la partie centrale de la coque. Celles-ci devaient réduire la tendance au roulis en mer. Il n'y a aucun doute qu'elles le firent très bien, mais, comme cela advint, elles se

1. Le *déplacement* mesure la masse d'eau déplacée par la partie immergée d'un navire, à vide ou avec son chargement ; dans ce dernier cas, on parle de déplacement total. Le déplacement varie avec le tirant d'eau. Le déplacement s'exprime en tonnes (1000 kg).

2. Partie immergée d'un navire, dont la hauteur varie en fonction de la charge transportée.

révélèrent être une faiblesse : ce fut la première partie du navire à heurter l'iceberg et, comme cela a été suggéré, lors de la collision, ces quilles forcèrent la coque vers l'intérieur, et firent du travail de tamponnement, à travers les deux « peaux », une simple affaire. Mais, même sans cela, le résultat final n'aurait été guère différent.

Les machines du *Titanic* étaient l'expression des derniers progrès en matière de technique maritime : composé de moteurs alternatifs et de turbines Parson à basse pression, cet ensemble offrait plus de puissance tout en conservant la même consommation de vapeur que la seule utilisation de moteurs alternatifs. Ces derniers entraînaient les moyeux de transmission latéraux bâbord et tribord, tandis que la turbine actionnait l'arbre central, faisant du *Titanic* un navire à trois hélices. 29 énormes chaudières et 159 foyers alimentaient ces moteurs. Trois cheminées elliptiques, de près de 8 mètres dans leur diamètre le plus large, évacuaient les fumées et la vapeur d'eau. La quatrième cheminée, factice, servait à la ventilation [1].

Le Titanic était équipé de 16 canots de sauvetage d'une longueur de 9,15 m ; ils étaient suspendus à des bossoirs à double action, de type Welin. Spécialement conçus pour supporter deux, voire trois séries de canots, si nécessaire – par exemple, 48 en tout – ils auraient été bien suffisants pour sauver chaque âme à bord, lors de la nuit de la collision [2].

Le navire était divisé en 16 compartiments à l'aide de 15 cloisons étanches qui partaient du double fond jusqu'au pont supérieur, pour la partie avant, et jusqu'au pont des salons, pour la partie arrière (voir figure 1 en fin d'ouvrage). Dans les deux cas, elles allaient bien au-delà de la ligne de flottaison. Les chambres des machines et des chaudières communiquaient entre elles grâce à des portes étanches qui pouvaient être fermées instantanément depuis la passerelle du capitaine ; un simple commutateur contrôlant de puissants électro-aimants les actionnait. Elles pouvaient aussi être fermées manuellement avec un levier et, dans le cas où un plancher sous elles était inondé par accident, un flotteur situé

---

1. Il était d'usage, à cette époque, d'avoir une cheminée factice pour augmenter visuellement l'impression de puissance d'un navire.

2. Il y avait seulement quatorze canots ouverts de soixante-cinq places, deux de quarante places et deux radeaux pliables de quarante-sept places, l'ensemble pouvant accueillir, tout au plus, mille quatre-vingt-quatre personnes.

sous le sol déclenchait automatiquement leur fermeture. Ces compartiments étaient conçus de manière à ce que si deux des plus larges étaient
inondés – un cas bien improbable dans des circonstances ordinaires –, le
navire soit encore en sécurité. Bien sûr, lors de la nuit de la collision, il y
eut plus de deux compartiments noyés, mais combien exactement ? Ce
n'est pas encore tout à fait établi.

L'effectif de l'équipage se composait de 860 personnes, dont 475
stewards, cuisiniers, etc., 320 machinistes et 65 matelots pour la navigation. Les machines et les équipements du *Titanic* étaient ce qui se
faisait de mieux alors, le « dernier cri » dans le domaine de la construction navale. Toute la structure était en acier, de poids, taille et épaisseur
supérieurs à tout autre navire connu : les poutrelles, poutres, cloisons
et planchers étaient, tous, d'une force exceptionnelle. Il pourrait sembler à peine nécessaire de mentionner que, dans une partie de l'opinion
publique, le sentiment d'avoir mis à disposition des bains turcs, gym-
nases et autres soi-disant luxes s'étaient faits au détriment d'équipements
plus essentiels, dont l'absence aurait été responsable de la perte d'autant de vies. Mais cette impression est tout à fait erronée. Ces services
supplémentaires étaient proposés pour le confort et la commodité des
passagers, et il n'y a pas plus de raison de les bannir à bord de ces navires
que dans un grand hôtel. Il y avait de la place sur le pont du *Titanic*
pour stocker plus de canots et de radeaux, sans qu'il soit nécessaire de
sacrifier un seul de ces équipements. La faute repose sur le fait de ne pas
avoir fourni suffisamment de canots, et non sur la conception même du
navire, sans avoir assez de place pour les disposer. Sur qui la responsabilité doit reposer, pour ne pas avoir les avoir fournis ? C'est une autre
question qui doit être remise à plus tard [1].

En organisant mon voyage aux États-Unis [2], j'avais décidé de faire
la traversée sur le *Titanic* pour plusieurs raisons : la première, plus pour
l'attrait d'être à bord du plus grand navire jamais lancé ; l'autre était que
des amis – qui avaient fait la traversée sur l'*Olympic* – le décrivait comme

---

1. Les enquêtes qui suivront désigneront les responsabilités et les carences en la
matière. Aujourd'hui, certains pensent que la conception même du *Titanic* aurait été en
partie responsable de la tragédie.

2. L'auteur allait rendre visite à un frère.

le plus confortable en mer, et il avait été dit que le *Titanic* avait été plus loin encore en améliorations à cet égard, avec mille tonneaux de plus dans sa construction.

J'embarquai à Southampton le mercredi 10 avril à 10 h. du matin, après être resté en ville pour la nuit. C'est pathétique de se rappeler qu'étant assis dans la salle du petit-déjeuner de l'hôtel, je pouvais apercevoir, depuis les fenêtres, les quatre énormes cheminées du *Titanic* qui dépassaient les toits des différents bureaux d'embarquement situés en face, et aussi la procession des chauffeurs et des stewards qui se frayaient un chemin vers le navire. Trois des passagers du *Titanic* étaient assis derrière moi et discutaient à propos du voyage à venir. Ils estimaient, parmi d'autres choses, les probabilités d'un accident que le navire pourrait avoir en mer. Tandis que je me levais, après avoir fini mon repas, je jetais un œil vers ce groupe que je reconnus plus tard, à bord. Mais ces personnes ne figuraient pas parmi celles qui avaient répondu à l'appel, le lundi matin suivant, sur le *Carpathia*.

En compagnie de deux amis venus d'Exeter pour me saluer avant mon départ – avant l'appareillage –, je visitais les différents ponts, salons, salles à manger et bibliothèques ; c'était tellement vaste que, sans exagération, nous pouvions dire qu'il était tout à fait possible de perdre son chemin dans un tel navire. Nous entrâmes nonchalamment dans le gymnase situé sur le pont des canots, et nous étions déjà assis sur les bicycles lorsque l'instructeur pénétra, accompagné de deux photographes. Il insista pour que nous restions ici tandis que ses amis – comme nous le pensions à ce moment – prendraient, pour lui, des clichés de ses appareils en action. Ce fut plus tard, seulement, que nous découvrions que ses deux amis étaient, en réalité, deux photographes d'un illustré londonien.

D'autres passagers entrèrent, et l'instructeur, avec l'allure du robuste bonhomme en pleine forme, aux joues roses, courait ici et là, plaçant un passager sur le « cheval » électrique, un autre sur le « chameau », tandis qu'un groupe de curieux regardait les cavaliers inexpérimentés se faire secouer de bas en haut, tandis qu'il contrôlait le petit moteur de ses machines imitant à la perfection les mouvements du cheval ou du chameau.

Durant la nuit du désastre, au moment précis où le *Titanic* sombrait, tandis que l'orchestre, groupé devant la porte du gymnase, jouait avec un tel suprême courage face à l'eau qui montait centimètre par centimètre sous leurs yeux, il était dit que l'instructeur, à l'intérieur, remplissait son devoir avec des passagers sur les bicycles et les rameurs, les assistant et les encourageant jusqu'à la fin. Avec ceux des musiciens, il serait juste que son nom – il s'agit de McCawley – puisse avoir une place sur la liste d'honneur de ceux qui sont morts en remplissant leur devoir loyalement envers le navire et la ligne qu'ils servaient.

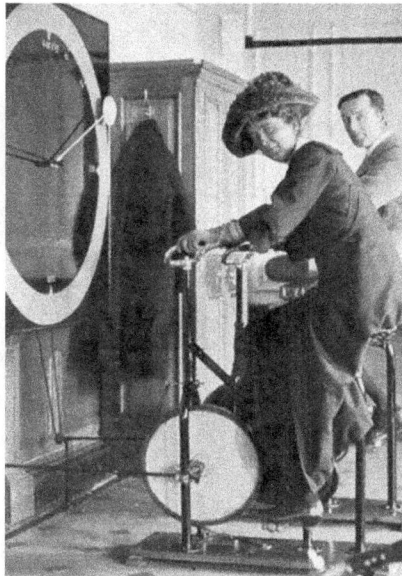

Lawrence Beesley (à droite) dans le gymnase,
en compagnie d'une amie.

Le gymnase.

Le grand escalier.

Lors des essais à Belfast.

Avant le départ, à Southampton.

Le 6 mars à Belfast. Le *Titanic*, à droite et l'*Olympic*.

CHAPITRE II

Peu de temps après, des coups de sifflet invitaient les amis à débarquer et les passerelles furent retirées. Puis, lentement, le *Titanic* s'écarta du quai, accompagné des derniers messages et des « au revoir » de ceux qui étaient à terre. Aucune acclamation, aucun coup de sirène venant des vapeurs alignés le long des quais, comme cela aurait été probable en l'occasion du voyage inaugural du plus grand vaisseau lancé à la mer. La scène entière était calme, plutôt ordinaire, avec peu de pittoresque et de cérémonial intéressant, tels que nous l'aurions pu imaginer en de telles circonstances. Mais, si cela devait manquer, deux incidents spectaculaires, inattendus, apportèrent un peu de frissons d'excitation et d'intérêt à ce départ du quai. Le premier survint juste avant que la dernière passerelle d'embarquement ne soit retirée ; un petit groupe de chauffeurs courait sur le quai, leurs affaires en bandoulière sur leurs épaules ; ils se dirigeaient en vitesse vers la passerelle, avec l'évidente intention de rejoindre le navire. Mais un maître-officier, qui gardait l'entrée de la passerelle côté quai, leur refusa fermement l'accès au navire. Les chauffeurs tentèrent de le persuader ; apparemment, ils tentaient d'expliquer les raisons de leur retard en gesticulant, mais l'officier, entêté, les repoussa d'une main ferme. La passerelle fut retirée tandis qu'ils protestaient, mettant un terme définitif à leur détermination à rejoindre le *Titanic*.

Aujourd'hui, en de telles circonstances, ces chauffeurs doivent être des hommes heureux. Que ce soit par leur propre manque de ponctualité, ou quelque retard imprévu sur lequel ils n'avaient pas de contrôle, cela préserva leur existence au moment même de courir sur cette dernière passerelle ! Ils pourront raconter – et il n'y aura aucun doute à dire, pour des années – l'histoire de comment leurs vies furent probablement sauvées parce qu'ils étaient arrivés trop tard pour rejoindre le *Titanic*.

Le second incident survint peu de temps après. Bien que soigneusement décrit à l'époque par ceux qui étaient à terre, cet événement vu du pont du *Titanic* ne sera, sans aucun doute, pas dénué d'intérêt.

Tandis que le *Titanic* s'écartait majestueusement du quai, la foule des amis avançait à notre rythme ; nous parvenions ensemble à la hauteur du vapeur *New York*, amarré au quai à côté de l'*Oceanic*. La foule agitait les mains pour dire « au revoir » à ceux qui étaient à bord, et aussi bien qu'elle le pouvait, aux équipages des deux navires. Mais, alors que la proue de notre navire arrivait au niveau de celle du New York, une série de détonations semblables à celle d'un revolver se fit entendre. Sur la partie du quai où se trouvait le *New York*, d'épais rouleaux de cordages s'envolèrent d'eux-mêmes haut dans l'air et retombèrent derrière parmi la foule, qui recula précipitamment pour éviter les cordes volantes. Nous espérions que personne ne fut frappé par les cordages, mais un marin, près de moi, était certain d'avoir vu une femme transportée pour recevoir des soins. Ensuite, à notre étonnement, lentement, furtivement, le *New York* s'approcha de nous, comme s'il était attiré par quelque force invisible contre laquelle il ne pouvait résister.

Cela me rappela, à cet instant, une expérience que j'avais souvent faite dans un laboratoire, à une classe de garçons qui apprenait les rudiments de la physique. Cette expérience consiste à poser un petit aimant sur un bouchon de liège placé dans un bocal rempli d'eau, et des petits objets en acier posés sur des morceaux de liège proches. Ceux-ci étaient attirés par la force magnétique vers l'aimant flottant.

Je me souvenais également, lorsqu'étant enfant je prenais mon bain, la façon dont un grand canard en celluloïd pouvait attirer vers lui – par ce que nous nommons l'attraction capillaire – de plus petits canards, grenouilles, scarabées et autres bestioles, jusqu'à ce que cette ménagerie flottante forme une seule masse, inconsciente des antipathies naturelles ; cela nous rappelait les « familles heureuses » que l'on pouvait voir dans les cabines en bord de mer.

À bord du *New York*, des ordres étaient criés, des marins couraient ici et là, laissant filer des cordages et plaçant des tapis conte le bord, là où il serait probable que nous touchions. Le remorqueur qui s'était, peu de temps auparavant, désarrimé de la proue du *Titanic*, passa le long de notre poupe et s'engagea rapidement vers le côté du quai à la poupe du *New York*. Là, il commença à le faire revenir avec toute la force de ses machines dont il était capable. Mais le remorqueur ne semblait guère avoir d'effets sur le *New York*.

À part la nature sérieuse de l'accident, c'était irrésistiblement comique de voir cet énorme navire détaché du quai par un remorqueur toussotant à ses talons ; aux yeux de tout le monde, ce serait comme un petit garçon traînant un minuscule chiot sur la route, avec ses dents agrippées à un morceau de corde, ses pattes écartées, en secouant sa tête et son corps de

Le *Titanic* (à droite), peu après l'incident avec le *New York*.

part et d'autre dans l'effort de mettre, à son meilleur avantage, chaque gramme de son poids.

En premier, toutes les apparences montraient que les poupes des deux navires allaient entrer en collision ; mais, depuis la passerelle arrière du *Titanic*, un officier qui dirigeait les opérations nous arrêta net. La succion cessa et le *New York*, aidé de son remorqueur à l'arrière, s'écarta obliquement du quai, sa poupe glissant le long de celle du *Titanic* à quelques mètres seulement. Cela démontrait l'extraordinaire impuissance absolue d'un grand liner, en l'absence de toute force motrice pour le guider. Mais nous n'en avions pas fini avec toutes les émotions : le *New York* virait, sa proue partant vers l'intérieur en direction du quai, sa poupe pivotant de justesse sous notre proue, et, lentement, se dirigea droit sur le *Teutonic* amarré sur le côté. Des tapis furent rapidement sortis et, ainsi, amortirent la force de la collision qui, de là où nous étions, semblait trop légère pour causer des dommages. Un autre remorqueur s'approcha et maîtrisa le *New York* par la proue ; celui-ci, entre eux deux, fut tiré jusqu'à l'angle du quai qui se terminait sur le bord du fleuve.

Désormais, nous avançâmes lentement et longeâmes le *Teutonic* à une allure d'escargot, mais, en dépit de cela, ce dernier, dans ses efforts pour suivre le *Titanic*, tirait tellement sur ses cordages qu'il se mit à gîter de plusieurs degrés. Les gens sur le quai crièrent à nouveau. Un groupe d'officiels galonnés – probablement le Capitaine du port et son personnel – se tenant près des cordages d'amarrage, bondit en arrière d'elles tandis qu'elles se raidirent jusqu'à former une ligne rigide. Ces officiers ordonnèrent à la foule de reculer encore plus loin. Mais le danger se dissipait, et tandis que nous passions lentement l'angle du quai pour rejoindre le fleuve, je voyais le *Teutonic* revenir progressivement à sa position normale, soulageant à la fois la tension sur les câbles et les esprits de tous ceux qui assistèrent à cet incident.

Aussi désagréable que fût cet incident, il avait intéressé tous les passagers qui s'étaient penchés sur les bastingages pour voir les moyens mis en œuvre par les officiers et les marins des différents navires afin d'éviter la collision. Certains observaient, depuis le pont de chargement du *Titanic* (situé à la poupe), un officier et des matelots qui téléphonaient et sonnaient des cloches, élevant et abaissant des petits drapeaux rouges et blancs tandis que le risque de collision, alternativement, augmentait ou diminuait.

Il n'y en avait pas un de plus intéressé que ce jeune cinéaste américain qui, avec sa femme, suivait toute la scène avec des yeux avides, tournant la manivelle de sa caméra avec le plus évident des plaisirs, tandis qu'il enregistrait sur la pellicule cet événement inopiné. Pour lui, de toute évidence, c'était une aubaine que d'avoir été à bord à ce moment-là. Mais, ni le film ni ceux qui l'avaient exposé sur la pellicule ne rejoignirent l'autre côté de l'océan, et ces images ne furent jamais projetées à l'écran.

Pendant que nous descendions le fleuve, la scène dont nous fûmes tout juste les témoins faisait l'objet de toutes les conversations : la comparaison avec la collision entre l'*Olympic* et le *Hawke*[1] était au cœur de chaque groupe de passagers. Tous semblaient d'accord que cela confirmait la théorie de la succion qui avait été avancée avec tant de succès par les responsables du *Hawke* devant les cours de justice, mais qui fut l'objet de nombreuses risées lorsque l'Amirauté britannique avait en premier lieu suggéré cette théorie, expliquant ainsi la raison pour laquelle le croiseur avait enfoncé l'*Olympic*. Et depuis lors, s'il existe une tentative de relater les faits qui se sont déroulés à bord du *Titanic*, il faut dire que la pire inquiétude, d'après ce qui était entendu dans les conversations entre les passagers, et aussi parmi les membres de l'équipage, se rapportait à l'incident que nous venions de vivre. Les marins sont proverbialement superstitieux, mais aussi trop de gens sont susceptibles de l'être, ou de suivre quiconque qui soutiendraient de tels propos avec convictions et l'opportunité d'une constante répétition : le sens du mystère qui enveloppe une parole prophétique – particulièrement si elle est de mauvais augure – faisant en sorte que, selon toute apparence, l'esprit humain serait plus volontiers impressionné par une prophétie malfaisante que par une autre, bénéfique quant à elle. Ceci, par le possible moyen de la peur servile à ce *qu'il redoute*, mais aussi, peut-être, par l'attirance dégradée, morbide même, que le sens du néfaste a pour le mal inné dans l'esprit humain. Ceci mène beaucoup de personnes à montrer de l'intérêt pour des théories superstitieuses. Non pas qu'elles y croient entièrement, ou souhaiteraient que leurs amis les plus chers sachent qu'elles y ont déjà accordé quelque conviction, mais le sentiment que d'autres peuvent faire ainsi, et avec cette idée qu'il « *pourrait y avoir quelque chose de vrai, après tout,* » les inclinent vers une tacite obédience envers des théories les plus absurdes et les plus puériles qui soient.

J'espère, dans un chapitre suivant, pouvoir débattre sur le sujet de la superstition, en me référant à notre vie à bord du *Titanic*, mais j'anticiperais un peu ici les événements en relation avec le « mauvais présage » qui a ourdi à Queenstown. En effet, au moment où les transbordeurs transportant des passagers et le courrier s'approchaient du *Titanic*, l'un de ceux qui étaient à bord observant le liner qui les dominait, vit la tête d'un chauffeur, tout noir par son travail dans les soutes, les regarder

---

1. Survenue le 20 septembre 1911.

depuis le sommet d'une des énormes cheminées – la factice, pour la ventilation – qui se dressait à plusieurs mètres au-dessus du plus haut pont. Le soutier avait grimpé à l'intérieur de la cheminée pour faire une blague, mais pour certains de ceux qui l'avaient aperçu, cette vision était la graine d'un « mauvais présage » qui allait fructifier en de redoutables dangers inconnus à venir. Une dame américaine – puisse-t-elle me pardonner si elle lit ces lignes ! – m'a raconté, avec la plus intime conviction, et de la manière la plus grave, qu'elle avait vu cet homme ; et elle lui attribuait le naufrage du *Titanic* en grande partie pour cette raison. Sottise éhontée, diriez-vous ! Oui, en effet, mais pas pour ceux qui croient en cela ; et heureusement que de telles considérations prophétiques de danger n'aient pas plus circulé parmi les passagers et les membres de l'équipage, cela aurait pu avoir une influence malsaine.

Nous dépassions Spithead, longions les rivages de l'île de Wight, si beaux avec le jeune feuillage printanier, échangions des salutations avec un remorqueur de la White Star Line au mouillage dans l'attente du retour d'un de leurs liners, et nous apercevions au loin plusieurs vaisseaux de guerre accompagnés d'un destroyer noir, qui surveillaient l'entrée de la mer. Dans le temps le plus calme, nous rallions Cherbourg à la montée du crépuscule, et nous repartions vers 20 h 30, après avoir embarqué des passagers et du courrier. Le mardi, nous étions à Queenstown vers midi, après une très agréable traversée de la Manche, bien que le vent fût presque trop frais en matinée pour nous permettre de nous asseoir à l'extérieur, sur le pont.

Les très belles côtes irlandaises apparaissaient tandis que nous approchions de Queenstown Harbour[1] ; le brillant soleil matinal faisait ressortir les groupes d'habitations qui ponctuaient ici et là les coteaux verts, au-dessus des rugueuses falaises grises bordant la côte. Ayant pris à bord notre pilote, nous avancions lentement vers le port, la ligne de sonde mouillée en permanence, et nous stoppions bien au large, avec nos hélices faisant bouillonner la mer toute brune avec le sable du fond qui remontait.

Le navire avait stoppé assez soudainement, me semblait-il, et dans

---

1. Depuis 1920, cette ville a repris son nom irlandais d'origine, Cobh.

mon ignorance de la profondeur à l'entrée du port, peut-être que la ligne de sonde avait révélé une cote plus faible que celle qui fut envisagée, plus sûre, en raison de la grande taille du *Titanic* ; la vue du sable brassé depuis le fond pouvait le confirmer – mais c'était une simple supposition. Les passagers et le courrier étaient transportés à bord depuis deux transbordeurs, et rien ne pouvait nous donner une meilleure idée de l'énorme longueur et du volume du *Titanic* que de se placer aussi loin que possible, sur la poupe, et de regarder par-dessus le côté du pont supérieur, d'avant en arrière, vers là où les transbordeurs roulaient à sa proue : de simples coquilles de noix contre ce vaisseau majestueux qui se dressait pont après pont, au-dessus d'elles ! Vraiment, c'était un navire magnifique ! Son mouvement était si gracieux, tandis qu'il montait et descendait dans la légère houle du port, un lent et majestueux enfoncement que l'on percevait seulement en regardant sa proue et en la comparant avec quelque repère sur la côte toute proche. Les deux petits transbordeurs, tanguant de bas en haut tels de petits bouchons de liège à son côté, illustraient très nettement les progrès faits en matière de confort de mouvement depuis le temps des petits vapeurs.

À présent, les opérations de transferts étant terminées, les transbordeurs larguaient les amarres et, à 13 h 30, tandis que les hélices brassaient à nouveau le fond de la mer, le *Titanic* virait lentement d'un quart de cercle jusqu'à ce que son nez pointe le long de la côte irlandaise ; puis il s'éloignait rapidement de Queenstown. La petite maison blanche, à gauche de la ville, étincelant sur le coteau, restait visible depuis la proue durant de nombreux miles. Dans notre sillage, des centaines de mouettes s'élançaient, criaient, se disputaient les restes des repas qui étaient déversés par les tuyaux d'évacuations des déchets lorsque nous étions encore au mouillage à l'entrée du port. Et maintenant, elles nous suivaient, dans l'attente de nouveaux butins. Je les regardais durant un bon moment, stupéfait par l'aisance avec laquelle elles volaient et gardaient la distance avec le navire en à peine quelques coups d'aile. Pointant du regard une mouette en particulier, je pouvais l'observer durant quelques minutes, et je ne vis aucun battement d'ailes pour l'aider dans son vol. Elle pouvait s'incliner d'une pièce, d'un côté ou de l'autre, lorsqu'une bourrasque la touchait. Rigide, impliable, elle s'inclinait latéralement comme le ferait un avion dans une saute de vent. Et, à nouveau, avec une gracieuse aisance, elle gardait le pas avec le *Titanic* qui fonçait à travers l'eau, à 20 nœuds. Quand le vent la rencontrait, elle pouvait s'élever et redescendre obliquement, et demeurer inclinée encore, ses ailes recourbées en une belle arche, et ses plumes de la queue écartées en éventail. C'était évident qu'elle possédait un secret que nous étions tout juste en train d'apprendre – celui d'utiliser les courants d'air pour monter et descendre avec lesquels elle peut planer à volonté avec la dépense d'un minimum d'énergie, ou de les utiliser à la manière d'un voilier à moins d'un ou deux points de vent de face. Les aviateurs, évidemment, imitent la mouette et bientôt, peut-être, nous pourrions voir un avion ou un planeur s'incliner gracieusement de haut en bas face à un vent opposé et, tout le temps, tracer sa route à travers l'Océan Atlantique. Les mouettes étaient encore derrière nous, et elles criaient toujours et piquaient droit dans le large sillage d'écumes que nous laissions derrière. Mais au matin elles avaient disparu ; peut-être avaient-elles aperçu dans la nuit un vapeur filant vers Queenstown, chez elles, et l'avaient escorté dans son dos.

Durant toute l'après-midi, nous avions navigué en longeant les côtes de l'Irlande, avec les falaises grises qui surveillaient le rivage, et les collines pâles et arides s'élevant derrière. Au crépuscule, la côte s'arrondissait et s'éloignait de nous vers le nord-ouest, et notre dernière vision de l'Europe était les montagnes irlandaises qui s'évanouissaient dans l'obscurité montante. Avec la pensée que nous avions d'avoir vu la dernière terre avant de poser les pieds sur les rivages de l'Amérique, je me retirais dans la bibliothèque pour écrire des lettres, sans savoir que tant d'événements allaient survenir, à nous tous – beaucoup d'épreuves, soudaines, frappantes et impressionnantes à rencontrer, beaucoup de périls à affronter, beaucoup de bonnes et vraies personnes que nous aurons à pleurer – avant de nouveau voir la terre.

Depuis le moment où nous avons quitté Queenstown le mardi jusqu'au dimanche matin, il y a peu de choses à dire. La mer était calme – si calme, en effet, qu'il y avait très peu de personnes absentes aux repas ; le vent était d'ouest, sud-ouest, « frais » comme le tableau quotidien l'indiquait, mais souvent plutôt froid, généralement trop froid pour aller s'asseoir sur le pont pour lire ou écrire. Aussi, beaucoup d'entre nous passait une grande partie du temps dans la bibliothèque, lisant et écrivant. J'écrivais un grand nombre de lettres et je les postais jour après jour dans la boîte placée à l'extérieur de la porte de la bibliothèque. Il est probable qu'elles y soient encore.

Chaque matin, à l'arrière, le soleil se levait dans un ciel de nuages circulaires qui s'étiraient en étroits filets tout au long de l'horizon. Il s'élevait à un tiers au-dessus de la ligne, rouge et rose, puis en dégradé du rose vers le blanc au fur et à mesure qu'il montait dans le ciel. Pour celui qui n'avait jamais traversé l'océan (ou, du moins, n'avait jamais navigué hors de vue des côtes de l'Angleterre), c'était un beau spectacle que de se tenir sur le pont supérieur pour admirer la houle marine. Elle s'étendait depuis le navire en un cercle ininterrompu jusqu'à ce qu'elle rencontre la ligne d'horizon avec son soupçon d'infinité. À l'arrière, le sillage du navire, blanc d'écume, où – l'imagination aidant – les lames des hélices tranchaient les longs rouleaux de l'Atlantique et nivelaient avec eux une voie blanche bordée de talus de vagues vertes, bleues, et bleu vert qui pourraient. Peu de temps après, ces rouleaux pouvaient balayer cette route, même si celle-ci s'étirait encore vers l'horizon avant de disparaître au-delà de la bordure du monde, vers l'Irlande et les mouettes, tandis que l'astre matinal scintillait et étincelait. Et, sous nos yeux, chaque soir, le soleil plongeait sur la bordure de la mer, créant un sentier ondulant et scintillant ; une trace dorée, gravée sur la surface de l'océan, que notre navire poursuivait inébranlablement jusqu'à ce que l'astre disparaisse sous la ligne d'horizon. Et le chemin courait plus vite que nous ne pouvions le faire, il glissait au-delà de la bordure, comme si le soleil était une boule dorée qui aurait rompu son fil d'or trop rapidement pour que nous puissions le suivre.

Du mardi midi jusqu'au vendredi midi, nous avions parcouru 386 miles ; du vendredi au samedi, 519 miles ; du samedi au dimanche, 546 miles. Selon les dires du commissaire du bord, la distance de 519 miles, parcourue le deuxième jour, était *décevante*, et nous ne pourrions pas accoster comme prévu le mardi dans la nuit, mais plutôt le mercredi dans la matinée. Nous étions ravis, cependant, de voir que la distance parcourue le dimanche était plus importante et, après tout, nous pensions pouvoir atteindre New York dans la nuit de mardi. Le commissaire du bord fit la remarque : « Ils ne le poussent pas lors de ce voyage et ils n'ont pas l'intention d'aller plus vite. Je ne pense pas que nous ferons plus de 546 miles maintenant ; pour un premier voyage, ce n'est pas une mauvaise moyenne journalière. »

Au moment du déjeuner, je me souviens que les conversations portaient sur la vitesse, la construction des liners de l'Atlantique, et aussi du confort en mer. Ceux qui avaient déjà fait plusieurs fois la traversée étaient unanimes : le *Titanic* était le navire le plus confortable qu'ils avaient emprunté. Ils préféraient la vitesse à laquelle nous allions, plutôt que celle les liners plus rapides, car les vibrations du *Titanic* étaient plus douces ; les navires plus rapides pouvaient s'enfoncer dans les vagues avec un mouvement tournant, semblable à celui d'une vis, tandis que le *Titanic* avait un balancement rectiligne, de haut en bas. Plus tard, je faisais remarquer aux personnes qui étaient à notre table la façon dont le *Titanic* gîtait sur bâbord – je l'avais déjà remarqué auparavant. Lorsque nous étions assis à la table du Commissaire du bord, nous pouvions observer la ligne d'horizon à travers les hublots. Il était évident qu'il gîtait. À bâbord, la ligne d'horizon et la mer étaient visibles la plupart du temps, tandis qu'à tribord nous ne voyions que le ciel. Probablement que, selon le commissaire, le charbon stocké côté tribord était celui que les chauffeurs utilisaient en premier. C'est sans doute fréquent que les navires présentent une gîte de quelques degrés. Mais à la vue de ce qui s'est passé pour le *Titanic*, éventré à tribord, la gîte côté bâbord, avant qu'il ne sombre, était si importante qu'elle formait un gouffre entre lui et les canots de sauvetage suspendus, un vide par-dessus lequel les dames devaient être jetées, ou qu'elles devaient traverser sur des transats dépliés. Ce que nous avions précédemment constaté à propos de la gîte par bâbord pouvait ainsi avoir de l'intérêt.

Revenons un instant sur la marche du *Titanic*.

Il était intéressant d'observer, depuis le pont des embarcations

– comme je le faisais fréquemment dans l'angle entre les canots 13 et 15[1], sur le côté tribord – le comportement général du navire à travers la houle. Celui-ci pouvait se résumer en deux mouvements : le premier, en comparant la ligne d'horizon et le pont de chargement depuis lequel la log-line[2] est traînée dans l'écume du sillage, pouvait s'observer par le long et lent mouvement de soulèvement tandis que nous allions de haut en bas. Je mesurais la période moyenne effectuée par l'une de ces oscillations montantes et descendantes, mais je ne me souviens plus du nombre. Le second mouvement, un roulis de bord à bord, pouvait être calculé en observant le bastingage bâbord, comparé avec la ligne d'horizon, comme pour le mouvement précédent. Il est tout à fait possible que ce double mouvement soit dû à l'angle que notre route, en direction de New York, fait en coupant le grand courant du Gulf Stream qui s'écarte du Golfe du Mexique pour se diriger vers l'Europe. La régularité quasi horlogère de ces deux comportements vibratoires avait attiré mon attention ; en observant le roulis de côté, je pris conscience de la gîte par bâbord.

Depuis le pont des embarcations ou depuis le pont B vers l'entrepont, en regardant vers l'arrière, j'ai souvent remarqué comment les passagers de la 3e classe profitaient de chaque instant : un jeu de saut à la corde, en double mixte, souvent bruyant, était le grand favori, tandis qu'une farandole menée par la cornemuse d'un Écossais qui jouait quelque chose que Gilbert[3] aurait décrit comme « ressemblant vaguement à un air », allait et venait. Un homme d'environ 20 à 24 ans, bien vêtu, toujours ganté et impeccablement coiffé, se tenait à distance d'eux, souvent sur

---

1. Deux canots dont j'ai toutes les bonnes raisons de me souvenir : le premier étant celui qui me transporta en sécurité vers le *Carpathia* ; et il semblait probable que le deuxième, à un moment, allait nous tomber dessus, alors que nous étions installés dans le n° 13, en essayant de nous éloigner de la coque du *Titanic*.

2. Cordage ou câble sur lesquels des nœuds permettaient de mesurer la vitesse. Le nœud équivaut à un mille nautique par heure, et ce nom dérive de cette méthode de mesure.

3. Lawrence Beesley ne précise pas, dans son témoignage, qui est Gilbert. Mais nous pouvons supposer qu'il s'agit de William Gilbert (1836-1911), auteur de livrets d'opéra, qui collabora avec Arthur Sullivan, compositeur. Il est fort possible que l'orchestre du *Titanic* jouait des compositions de Gilbert et Sullivan, très populaires à cette époque.

le pont surélevé de la poupe, au-dessus du « terrain de jeu ». De toute évidence, il n'était pas à sa place parmi ses compagnons de voyage et ne semblait jamais heureux. Je l'observais et pouvais me hasarder à le considérer comme celui qui, ayant connu quelque échec chez lui, aurait reçu le proverbial shilling et le billet de troisième classe pour l'Amérique. Il ne semblait guère résolu ou heureux pour résoudre son propre problème. Un autre homme intéressant voyageait dans l'entrepont, mais il avait placé sa femme dans une cabine de seconde. Il pouvait grimper les escaliers allant de l'entrepont jusqu'au second pont et, à travers la porte basse qui les séparait, parler affectueusement avec elle. Après la collision, je ne l'ai jamais revu, mais je pense que sa femme était à bord du *Carpathia*. Il est peu probable que, durant la nuit de dimanche, ils aient pu se voir : l'accès au pont des secondes classes ne lui aurait pas été autorisé, et même s'il avait pu le faire, les chances d'apercevoir sa femme dans l'obscurité et la foule auraient été minces, en effet. Plus tard, de ceux qui, dans l'entrepont, jouaient avec tant de bonheur, je n'en ai reconnu guère peu à bord du *Carpathia*.

*

Venons-en maintenant à la matinée de dimanche, le jour où le *Titanic* heurta l'iceberg.

Il sera intéressant, sans doute, de décrire les événements de la journée avec plus de détails, afin d'apprécier l'attitude générale des passagers avec leur environnement juste avant la collision. Le service religieux, présidé ce matin-là par le commissaire du bord, s'était déroulé dans le salon. Après le déjeuner, en allant sur le pont, nous avions constaté un tel changement de température que peu décidèrent d'y rester pour affronter le vent vif – un vent artificiel, créé principalement, si ce n'est entièrement, par la vitesse rapide du navire à travers l'atmosphère glaciale. J'estimais qu'à ce moment il n'y avait pas un souffle de vent, ayant déjà remarqué qu'à l'approche de Queenstown, il y avait une sensation de vent semblable, pour m'apercevoir ensuite que ce dernier cessa aussitôt dès que le navire fût à l'arrêt ; il reprit dès l'instant de notre départ du port.

De retour à la bibliothèque, je m'arrêtais un instant pour voir notre trajet du jour et observer notre position sur la carte. Le Rev. Mr. Carter, un ecclésiastique de l'Église d'Angleterre, faisait de même, et nous reprenions une conversation que nous avions appréciée depuis quelques jours. Il avait commencé par débattre des mérites relatifs à son Université, Oxford, et la mienne, Cambridge – toutes deux étant des institutions de renommée mondiale –, et les opportunités que chacune offrait dans la formation du caractère, en dehors du simple enseignement en tant que tel, et qui ont mené au manque d'hommes suffisamment qualifiés pour prendre en charger l'Église d'Angleterre (un sujet sur lequel, apparemment, il se sentait vraiment concerné). Puis, de là, il poursuivit sur son propre ministère en Angleterre. Il me fit part de quelques soucis dans sa paroisse, et me confia que sans l'aide apportée par sa femme il lui serait impossible de faire la moitié de son travail dans son église. À ce moment, je la connaissais à peine, mais l'ayant rencontré plus tard dans la journée, je réalisais ce qu'il voulait dire en lui attribuant une large part de son succès comme vicaire. Ma seule excuse, en mentionnant ces détails à propos des Carter, maintenant et plus tard dans la journée – bien que n'ayant que peu d'intérêt, peut-être, pour la plupart des lecteurs –, est qu'ils apporteront, sans aucun doute, quelque réconfort à la paroisse qu'il présidait et où, j'en suis sûr, il était aimé.

M. Carter mentionna ensuite l'absence de service religieux en soirée, et me demandait si je connaissais assez bien le commissaire du bord pour lui demander l'autorisation d'utiliser le salon afin qu'il puisse y faire chanter des hymnes. Le commissaire y consentit tout de suite, et M. Carter fit les préparatifs durant l'après-midi, en demandant à tous ceux qu'il connaissait – et à beaucoup qu'il ne connaissait pas – de venir au salon à 20 h 30.

Cet après-midi-là, en raison du froid qui régnait sur le pont, la bibliothèque était bondée. Mais, par les fenêtres, nous pouvions voir le ciel clair, sous un soleil brillant, qui semblait augurer d'une nuit agréable et une journée dégagée le lendemain. Et la perspective de débarquer dans deux jours, avec une météo calme durant tout le trajet jusqu'à New York, était un sujet de satisfaction générale parmi nous tous. Je peux repenser à cet après-midi et revoir chaque détail de cette salle : elle était joliment meublée, avec ses salons, ses fauteuils et ses petites tables pour écrire ou jouer aux cartes disséminées un peu partout, des écritoires contre les cloisons de la pièce et les étagères vitrées de la bibliothèque sur un côté. L'ensemble était en acajou, relevé de colonnes cannelées blanches qui supportaient le pont situé au-dessus. À travers les fenêtres, je pouvais voir le corridor couvert, destiné à être, par consentement général, un terrain de jeu pour les enfants. Les deux enfants Navratil étaient là, avec leur père, qui leur était totalement dévoué, jamais absent d'eux. Qui pouvait, à cet instant, songer à l'histoire dramatique de ces enfants, jouant joyeusement dans ce corridor cet après-midi-là ? L'enlèvement des enfants à Nice, le nom supposé, la séparation des enfants de leur père quelques heures plus tard, sa mort et, par la suite, le retour auprès de leur mère après une période de doute à propos de leurs liens de parenté ! Combien de secrets similaires dans la vie privée familiale le *Titanic* révéla ou entraîna vers le fond avec ses non-dits ? Nous ne le saurons jamais.

Dans le même corridor, il y avait un homme et sa femme avec deux enfants, dont l'un d'eux était souvent porté dans les bras ; ils étaient jeunes et heureux. Lui était toujours vêtu d'un costume de style knicker-bocker [1] avec un appareil photo en bandoulière sur son épaule. Je ne les ai jamais revus depuis cet après-midi-là.

Tout près de moi – tellement près que je ne pouvais éviter d'entendre des bribes de leur conversation – se trouvaient deux Américaines, toutes de blanc vêtues, jeunes, probablement de simples amies. L'une revenait des Indes en passant par l'Angleterre, l'autre, enseignante en Amérique, était une fille gracieuse avec un air distingué, rehaussé d'une paire de « pince-nez ». Elles étaient engagées dans une conversation avec un gentleman, que j'identifierai plus tard à partir d'une photographie. C'était un résident très connu de Cambridge, Massachusetts, aimable, poli, courtois envers ces deux dames qu'il n'avait rencontré que depuis quelques heures. De temps en temps, tandis qu'ils discutaient, une fillette, qu'ils connaissaient, venait les interrompre dans leur conversation en insistant

---

1. Très en vogue au début du XXᵉ siècle, spécialement aux États-Unis, dont la principale caractéristique est un pantalon aux formes très large, flottant.

pour qu'ils remarquent la poupée qu'elle serrait dans ses bras. Depuis lors, je n'ai revu aucune personne de ce groupe. Le jeune cinématographe et sa jeune femme se tenaient dans l'angle, en face. De toute évidence, ils étaient Français, friands du jeu de patience qu'elle pratiquait à ce moment-là, tandis que lui, assis derrière sur sa chaise, regardait le jeu en s'interposant de temps à autre pour lui donner des suggestions. Je ne les ai pas revus. Au centre de la salle, il y avait deux prêtres catholiques, l'un lisant tranquillement – soit Anglais, mais plus probablement Irlandais – l'autre, sombre, barbu, avec un chapeau à bord large, discutant sérieusement en allemand avec un ami. Il expliquait, évidemment, quelques versets tirés de la Bible qui était ouverte devant lui. Près d'eux se tenait un jeune ingénieur du feu, de même religion que le reste du groupe. Aucun d'eux n'a été sauvé. À noter, ici, que les hommes de la seconde classe qui ont été rescapés représentent le plus faible pourcentage comparé aux autres divisions : seulement huit pour cent.

Beaucoup d'autres visages me reviennent en pensée, mais il est impossible de les décrire dans l'espace restreint de ce livre. De tous ceux qui étaient dans la bibliothèque ce dimanche après-midi, je ne peux me souvenir que de deux ou trois personnes qui ont pu rejoindre le *Carpathia*. Surveillant cette salle en tournant le dos aux étagères, se trouvait le steward-bibliothécaire ; c'était un homme maigre, voûté, au visage triste, et qui n'avait généralement rien d'autre à faire que de servir des livres, mais cet après-midi-là, je ne l'avais jamais vu aussi affairé à distribuer des formulaires de déclaration de bagages, que les passagers devaient remplir. Le mien était devant moi, tandis que j'écrivais : « *Formulaire pour les non-résidents aux États-Unis. Steamship* Titanic *: n° 31444, D…* » etc. Je l'avais rempli durant l'après-midi et glissé dans mon livre de poche au lieu de le remettre au steward. Face à moi se trouvait également un petit carton carré :

« *White Star Line. R.M.S. Titanic. 208. Cette étiquette doit être donnée pour que soit rendu le bien. Le bien sera déposé dans le coffre de l'agent comptable. La Compagnie ne sera pas responsable envers les passagers pour les pertes de monnaie, bijoux ou ornements, à la suite de vols ou autres, s'il n'y a pas eu de dépôt.* »

Le « bien déposé » était, dans mon cas, de l'argent que j'avais placé dans une enveloppe scellée, avec mon nom en travers du rabat, et remis au commissaire du bord. L'étiquette est mon reçu. Parmi d'autres enveloppes similaires, la mienne pourrait toujours être intacte dans le coffre, au fond de la mer, mais selon toute probabilité, elle ne l'est pas, comme nous le verrons plus tard.

Après le dîner, Mr. Carter invitait tous ceux qui le désiraient à venir dans le salon, et avec l'assistance au piano d'un gentleman, qui était assis face à moi à la table du commissaire (un jeune ingénieur écossais qui allait rejoindre son frère, dans son exploitation fruitière au pied des Rocheuses), il entreprit de faire chanter des hymnes à une centaine de passagers. Il leur fut demandé de choisir ceux qu'ils désiraient, et avec autant de choix, il lui était impossible de faire plus que de chanter les plus populaires. Tandis qu'il annonçait chaque hymne, il était évident qu'il était éminemment versé dans leur histoire : aucun hymne n'était chanté sans qu'il en donnât une brève description de son auteur et, dans certains cas, des circonstances par lesquelles il fut composé. Je pense que tous étaient impressionnés par sa connaissance des hymnes et son ardeur à nous dire tout ce qu'il savait à leur propos. Il était curieux de voir combien avaient choisi des hymnes qui évoquaient les dangers en mer. Je remarquai la manière avec laquelle tous chantaient *À ceux qui sont en péril sur la mer* sur un ton retenu.

Les hymnes devaient se poursuivre au-delà de vingt-deux heures quand, voyant les stewards debout à attendre pour servir les biscuits et le café avant de finir leur service, Mr. Carter amena à conclure la soirée par quelques mots de remerciement à l'attention du commissaire de bord, pour l'utilisation du salon, suivis d'une brève allocution sur le bonheur et la quiétude du voyage effectué jusqu'à présent, la grande confiance que tous ressentent d'être à bord de ce grand navire, avec sa sécurité et sa taille, et l'heureuse perspective de débarquer à New York dans quelques heures, mettant un terme à un délicieux voyage. Et, durant tout le temps qu'il parlait, à quelques miles de là devant nous se dressait le « péril en mer », qui allait faire sombrer ce même grand navire, entraînant avec lui beaucoup de ceux qui, à bord, écoutaient avec gratitude ses mots simples et sincères. Ainsi il en va de la fragilité des espoirs des hommes et la confiance qui repose sur leurs conceptions matérielles.

Quelle honte de penser qu'une masse de glace, d'aucune utilité à quiconque, a le pouvoir de blesser à mort le beau *Titanic* ! C'est un bloc insensible, capable de menacer, même au plus petit degré, la vie d'autant d'hommes et de femmes de valeur, qui pensent et ont des projets, espèrent et aiment – non seulement n'être qu'une menace, mais va mettre fin à leur vie. C'est insupportable ! Ne pouvons-nous jamais nous éduquer à prévoir de tels dangers, et de les éviter avant qu'ils ne surviennent ? De toute évidence, l'histoire démontre que ces lois inconnues et insoupçonnées sont découvertes au jour le jour ; de ce savoir accumulé pour les nécessités de l'homme, n'est-il pas certain que l'habilité de prévoir et de détruire à l'avance le risque de danger sera l'un des privilèges que le monde entier utilisera ? Puisse ce jour venir bientôt. En attendant, aucune précaution trop rigoureuse, aucun matériel de sécurité, aussi coûteux soit-il, ne doivent être négligés lors de l'équipement d'un navire.

À la fin de la réunion, je discutais avec les Carter, en prenant le café avec eux, puis je leur souhaitais une bonne nuit et me retirais dans ma cabine vers 22 h 45. C'étaient des gens bien, dont le monde s'est appauvri de leur perte.

Sans doute, pour beaucoup de gens, c'est un sujet de satisfaction de savoir que leurs amis se trouvaient, peut-être, parmi ceux qui s'étaient réunis dans le salon et que le son des hymnes résonnait encore à leurs oreilles tandis qu'ils se tenaient sur le pont avec autant de calme et de courage jusqu'à la fin. Qui pourrait affirmer que cela était dû au comportement de certains d'entre eux et qu'ils montrèrent l'exemple aux autres ?

——

Une cabine des premières classes.

Le pont supérieur.

CHAPITRE III

LA COLLISION ET L'EMBARQUEMENT
DANS LES CANOTS DE SAUVETAGE

J'ai eu assez de chance d'avoir obtenu une cabine avec deux couchettes pour moi-même – la D 56 – toute proche du salon et très pratique pour aller et venir dans le navire.

Sur un vaisseau aussi vaste que le *Titanic*, c'était important d'être placé au pont D, situé seulement à trois ponts en dessous du pont supérieur, celui des canots. En dessous du pont D, il y avait encore des cabines aux ponts E et F. Aller d'une cabine du pont F pour rejoindre le pont supérieur en grimpant cinq volées d'escaliers était une tâche certainement difficile pour les personnes qui n'étaient pas capables de faire un tel exercice. L'organisation du *Titanic* fut critiquée, entre autres, pour avoir équipé ce navire d'ascenseurs, en disant que c'était un luxe dispendieux et que l'espace qu'ils occupaient aurait pu être utilisé au profit de dispositifs de sauvetage. Malgré tout, si certains de ces équipements pouvaient être considérés comme superflus, les ascenseurs ne l'étaient pas. Par exemple, durant le voyage, les dames âgées des cabines du pont F auraient eu de la peine à rejoindre le pont supérieur si elles n'avaient pas été en mesure d'appeler les garçons d'ascenseur.

Rien d'autre ne peut illustrer la grande taille de ce navire que de prendre l'ascenseur depuis le haut et descendre lentement en passant par les différents étages, laissant entrer ou sortir des passagers, comme cela se fait dans un grand hôtel.

Je me demande où ce garçon d'ascenseur pouvait se tenir cette nuit-là. J'aurais été bien heureux de le voir à bord de notre canot, ou le retrouver par la suite sur le *Carpathia* lorsque nous faisions le décompte des rescapés. Il devait avoir 16 ans tout au plus, un beau jeune homme au

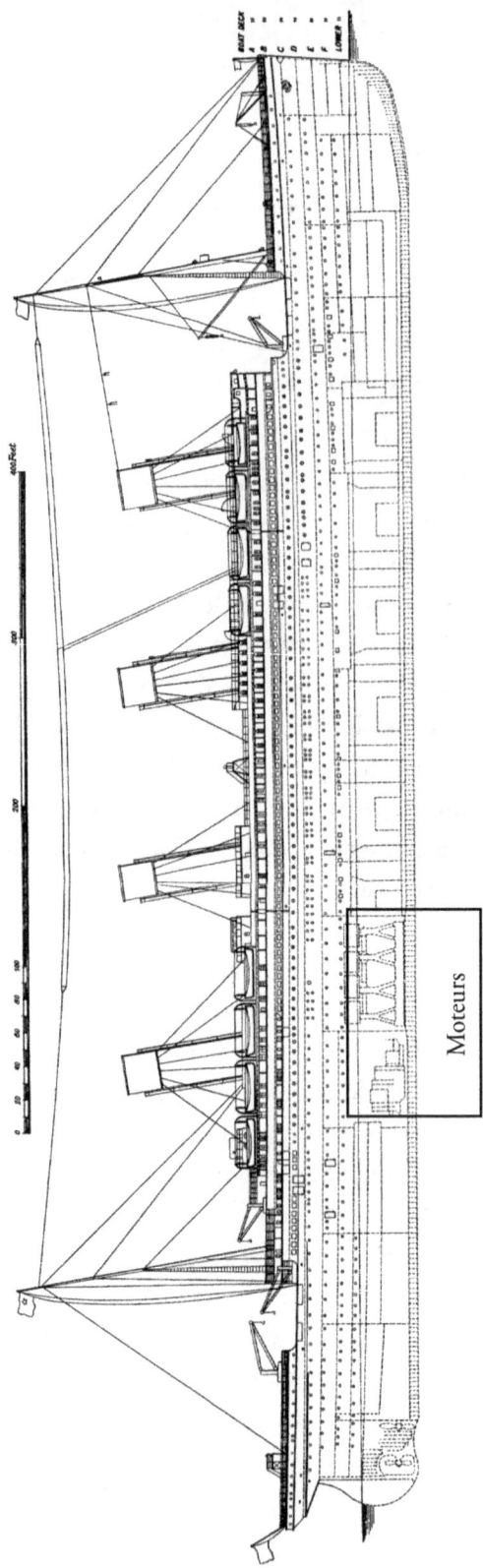

Emplacement des machines du Titanic.

regard clair, avec un amour pour la mer, les jeux sur le pont et la vue sur l'océan depuis celui-ci. Il ne profita en rien de tout cela. Un jour, tandis qu'il me déposait de son ascenseur, et qu'il vit, à travers les fenêtres du vestibule, un jeu de palet qui se déroulait sur le pont, il me dit, sur un ton mélancolique : « Ah, je souhaiterais parfois pouvoir y aller ! » J'aurais aimé aussi qu'il puisse le faire, et je lui proposais, en plaisantant, de le remplacer dans son ascenseur durant une heure, le temps qu'il puisse sortir et assister au jeu. Mais il secoua la tête en souriant, s'apprêtant à repartir pour répondre à un appel impératif venu d'en bas. Je pense qu'après la collision, il n'était pas de service à son ascenseur, mais, s'il y était, il pourrait avoir gardé le sourire devant ses passagers tout le temps qu'il les montait jusqu'au pont des canots qui les attendaient pour quitter le navire en perdition.

Après m'être déshabillé, je m'étais allongé sur la couchette supérieure et là, depuis 11 h 15 environ, j'avais lu jusqu'au moment de la collision, vers 11 h 45. Durant ce temps, j'avais particulièrement remarqué que les vibrations du navire étaient plus importantes, déduisant ainsi que nous allions à une vitesse supérieure à celle qui fut la nôtre depuis le départ de Queenstown. À présent, j'ai conscience que c'est un point important, et qui pèse fortement sur la question de la responsabilité des effets de la collision. Mais l'impression que ces vibrations ont été plus intenses est tellement fixée dans ma mémoire qu'il me semble important de la mentionner. Deux considérations m'amènent à cette conclusion : premièrement, tandis que j'étais assis sur le sofa, déshabillé et pieds nus sur le sol, les vibrations qui venaient des machines situées en dessous étaient très perceptibles ; deuxièmement, lorsque j'étais allongé sur la couchette pour lire, le matelas à ressorts qui me supportait vibrait plus qu'à l'accoutumée. Ce mouvement, semblable à celui d'un berceau, était toujours perceptible lorsqu'on était allongé sur le lit, mais cette nuit-là, il s'était nettement accru.

En se référant au schéma (cf. page ci-contre), on verra que les vibrations devaient se propager quasiment du bas vers le haut, là où se situe le salon, placé immédiatement au-dessus des machines, comme cela est montré sur ce document ; ma cabine était toute proche. Selon ces deux données, présumant que des vibrations plus fortes indiquent une vitesse plus importante – et je la suppose comme telle – alors, je suis certain que cette nuit-là, au moment où nous avions heurté l'iceberg, nous allions plus vite qu'auparavant, c'est-à-dire pendant les heures où j'étais éveillé, en mesure de prendre des notes à propos de tout ce qui se passait.

Tandis que je lisais, la tranquillité de la nuit était à peine perturbée par le son étouffé qui me parvenait à travers les grilles de ventilation. C'étaient les bavardages des stewards qui allaient et venaient dans les coursives. Presque tous les passagers étaient dans leurs cabines – certains déjà endormis dans leur lit, d'autres se déshabillant ; quelques-uns encore venaient à peine de quitter le salon-fumoir en discutant de tout et de rien. Survint alors ce qui me semblait n'être rien de plus qu'un effort soudain des moteurs, suivi d'un mouvement plus évident de balancement du matelas sur lequel j'étais assis. Rien de plus ; aucun bruit ou quoi que soit d'autre, aucune sensation de choc ou de secousses que pourrait produire la rencontre brutale d'un corps lourd contre un autre.

Cela se reproduisit à nouveau, à peu près avec la même intensité. Je pensais alors qu'ils avaient encore augmenté la vitesse. Et, pendant ce temps, l'iceberg entaillait le *Titanic,* laissant l'eau s'engouffrer par son flanc ; pourtant, rien à cet instant, nous laissait présager de la catastrophe à venir. Maintenant, lorsque je pense à cela, j'en suis étonné.

Considérons la question de la seule gîte : voici cet énorme vaisseau qui se dirige droit sur un iceberg, côté tribord ; et un passager assis tranquillement sur un lit pour lire. Ce dernier ne percevait pas de mouvement ou de gîte sur le bord opposé, ou bâbord, ce qui pourrait être le cas si le roulis habituel du navire était plus fort – pratiquement jamais, avec le temps calme que nous avions depuis le début de la traversée. Encore une fois, ma couchette étant fixée sur la cloison côté tribord, une gîte côté bâbord aurait eu tendance à me jeter au sol. Je suis sûr que je l'aurai remarqué, si cela avait été le cas. Et pourtant, l'explication est assez simple : le *Titanic* a heurté l'iceberg avec une force d'impact d'environ un million de foot-tons [1] ; ses plaques, d'un peu moins de trois centimètres d'épaisseur, ont été découpées aussi facilement qu'un couteau coupe du papier. La gîte

---

1. Unité anglo-saxonne qui correspond à la quantité d'énergie nécessaire pour soulever un poids d'une tonne à une distance d'un pied (environ 33 cm). La *long-ton* fait environ 2% de plus que la tonne métrique (1000 kg). Ce déplacement correspond à peu près à trois cent mille tonnes, ce qui est considérable.

n'aurait pas été nécessaire, mais préférable, car, en nous jetant au sol, elle aurait indiqué que nos plaques étaient suffisamment fortes pour offrir, en tous cas, quelque résistance au choc et, aujourd'hui, nous aurions tous pu être en sécurité.

Ainsi, sans me douter que quelque chose de grave était arrivé au navire, je poursuivais ma lecture. Le murmure venant des stewards et des cabines voisines se poursuivait, sans autres bruits. Aucun cri dans la nuit, aucune alarme. Aucune frayeur ; il n'y avait rien alors qui puisse effrayer le plus peureux des passagers. Mais, peu de temps après, je sentais que les machines ralentissaient puis s'arrêtaient. Le roulis et les vibrations cessèrent soudainement, après avoir fait partie de notre existence même, durant quatre jours. C'était le premier indice qu'un fait, qui sortait de l'ordinaire, venait de se produire. Nous avons tous, un jour, « entendu » le tic-tac d'une horloge dans une pièce calme, s'arrêter net et, ensuite, remarqué la présence de cette horloge et de son tic-tac dont, jusqu'alors, nous n'avions pas conscience. Ce fait, soudainement, se rappelait à nous tous, à bord, de la même manière, lorsque les moteurs – cette partie du navire qui nous a conduit à travers l'océan – cessèrent brutalement de fonctionner. Mais cet arrêt des machines ne nous apportait aucune information, nous n'avions qu'à faire des suppositions sur les raisons pour lesquelles nous étions à l'arrêt. Comme un flash, cette idée me vint : « Nous avons perdu une hélice. Quand cela arrive, les moteurs s'emballent jusqu'à ce qu'ils puissent être sous contrôle ; c'est ce qui explique la poussée qu'ils ont eu. » Ce n'était pas une conclusion très logique lorsque nous la considérons maintenant, car les machines auraient continué à s'emballer jusqu'à l'arrêt. Mais, sur l'instant, c'était une hypothèse suffisamment défendable. Sur ce, je sautais du lit, enfilait une robe de chambre par-dessus mon pyjama, mettais des chaussures et sortais de ma cabine pour me rendre dans le hall près du salon. Là, il y avait un steward, le dos appuyé contre l'escalier, probablement à attendre que ceux qui étaient encore dans le salon-fumoir, au-dessus, soient partis se coucher, pour pouvoir éteindre les lumières.

Je lui demandai :

– Pourquoi sommes-nous à l'arrêt ?

Il me répondit :

– Je ne sais pas, Monsieur. Mais je ne pense pas que ce soit grand-chose.

– Eh bien, disais-je, je vais aller sur le pont pour voir de quoi il s'agit. Me dirigeant vers l'escalier, je commençais à monter les marches.

Tandis que je passais devant lui, il me souriait avec indulgence, et ajouta :

– Très bien, Monsieur, mais il fait très froid là-haut.

Je suis certain qu'en cet instant, il devait penser que j'étais assez stupide pour aller sur le pont sans raison. Je dois confesser, en effet, que je me sentais assez sot pour ne pas être resté dans ma cabine et, au lieu de cela, faire un tapage inutile en me promenant dans le navire en robe de chambre. Mais c'était mon premier voyage en mer. J'en avais apprécié chaque minute et j'étais très enthousiaste à noter chaque nouvelle expérience. Et de s'arrêter au milieu de l'océan à la suite de la perte d'une hélice me semblait être une raison suffisante pour monter sur le pont. Pourtant, le steward avec son sourire paternel, et le fait que personne d'autre ne se trouvait là, ou ne montait les escaliers, me faisait sentir coupable d'une manière indéfinie de briser quelque code en vigueur sur un navire – la peur qu'un Anglais soit considéré comme étant *insolite*, sans doute !

J'escaladai les trois volées d'escaliers, ouvrit la porte du vestibule qui menait au pont supérieur et sortit dans une atmosphère qui me coupa net, faiblement vêtu comme je l'étais, comme la lame d'un couteau. Marchant vers le côté tribord, je jetais un œil par-dessus la lice et, loin en bas, vit la mer calme et noire. Vers l'avant, le pont désert s'étendait vers les quartiers des premières classes et la passerelle du capitaine ; à l'arrière, vers les quartiers de l'entrepont et la passerelle de la poupe. Rien de plus. Aucun iceberg sur les côtés ou à l'arrière, autant qu'il était possible de voir dans l'obscurité. Il y avait deux ou trois hommes sur le pont, dont l'ingénieur écossais qui avait joué les hymnes dans le salon. Je discutai avec ce dernier sur nos impressions respectives. Il allait se déshabiller lorsque les machines s'arrêtèrent, et, aussitôt, était monté. C'est pourquoi il était plutôt bien couvert. Aucun d'entre nous n'avait vu quoi que ce soit. Puisque tout était calme et silencieux, l'Écossais et moi-même décisions de rejoindre le pont inférieur. Par les fenêtres du salon-fumoir, nous apercevions des joueurs de cartes. Nous entrions pour leur demander s'ils en savaient plus que nous. Apparemment, ils avaient un peu plus ressenti la poussée des machines, mais, aussi loin que je peux m'en souvenir, aucun n'était allé sur le pont pour se renseigner, même lorsqu'un d'eux avait, à travers la fenêtre, vu passer un iceberg plus haut que les ponts. Cet homme avait attiré l'attention de ses compagnons de jeu ; tous avaient regardé l'iceberg s'éloigner, mais ils avaient aussitôt repris leur partie. Nous les questionnions à propos de la hauteur de cette masse : certains disaient qu'elle mesurait à peu près une centaine de pieds, d'autres soixante pieds. L'un de ceux qui regardaient la partie de cartes – un ingénieur en mécanique qui se rendait en Amérique avec un modèle de carburateur (il avait rempli son formulaire de déclaration près de moi, dans l'après-midi, et avait demandé au steward responsable de la bibliothèque comment il devrait déclarer son brevet) – dit :

– Comme je suis habitué à estimer les distances, je dirais : entre quatre-vingts et quatre-vingt-dix pieds.

Nous acceptions son estimation et faisions des suppositions sur ce qui était survenu au *Titanic*. L'idée générale était que nous avions juste frôlé l'iceberg par un coup latéral à tribord, et qu'ils avaient stoppé les machines par une sage mesure de précaution afin de l'examiner partout.

– Je m'attends à ce que sa peinture toute neuve soit rayée par l'iceberg, dit l'un, et le capitaine ne voudra pas poursuivre le voyage sans qu'il soit repeint !

Nous rigolions à son estimation des soins du capitaine envers son navire. Pauvre capitaine Smith ! Lui, savait trop bien, à ce moment, ce qui s'était passé.

L'un des joueurs de cartes, exhibant son verre de whisky posé en équilibre sur son coude, se tourna vers un spectateur en plaisantant :

– Il n'y a qu'à courir sur le pont pour voir si de la glace est tombée à bord, j'aimerais en avoir un peu pour ça !

S'ensuivit un rire général à ce que nous pensions n'être que le fruit de son imagination – trop réaliste, hélas ! Tandis qu'il parlait, le pont avant avait été recouvert de glace qui avait chuté dessus.

N'ayant obtenu aucune information supplémentaire, je quittais le salon-fumoir pour revenir à ma cabine ; là, je m'asseyais afin de lire à nouveau pendant un moment. Je suis rempli de tristesse de penser que, jamais, je n'ai revu l'un des occupants de ce salon. C'étaient presque tous des hommes jeunes, pleins d'espoir pour leurs projets dans un monde nouveau ; célibataires pour la plupart, vifs, alertes, avec les bonnes manières de bons citoyens.

Un peu plus tard, ayant entendu des personnes déambuler dans les couloirs, j'allais voir au-dehors ; plusieurs passagers, dans le hall, parlaient avec un steward – la plupart étaient des dames en robe de chambre – et d'autres qui montaient à l'étage. Je décidais d'aller sur le pont, mais comme il faisait trop froid pour ne mettre qu'une robe de chambre, j'avais revêtu un ensemble veste et pantalon de Norfolk, et je montais à mon tour sur le pont. À ce moment, il y avait plus de personnes à regarder par-dessus la lice. Faisant un tour, je demandais à chacun la raison pour laquelle nous étions arrêtés, mais je n'obtenais aucun renseignement précis. Je demeurais sur le pont quelques minutes tout en marchant vigoureusement afin de me tenir chaud ; de temps à autre, je regardais vers la mer pour voir si quelque chose pouvait m'informer sur le motif de notre retard.

Le navire avait maintenant repris sa course et se déplaçait très lentement sur l'eau, abandonnant sur chacun de ses côtés une fine ligne d'écume blanche. Je pense que nous étions tous heureux de voir cela, ça nous semblait mieux que de rester immobile. Rapidement, je décidais de redescendre et comme j'allais de tribord vers bâbord pour passer par la porte du vestibule, je vis un officier qui grimpait sur le dernier canot de sauvetage côté bâbord, le numéro 16, et commencer à en retirer la bâche, mais je ne me souviens pas que quiconque lui ait alors prêté une attention particulière. Certes, personne, à ce moment, ne pouvait imaginer que l'équipage préparait les canots en vue de l'évacuation du navire.

À cet instant, dans l'esprit des passagers, il n'y avait aucune appréhension ni signe de panique ni même d'hystérie. Après tout, en l'absence d'une preuve tangible de danger, cela aurait été étonnant qu'il y en eût.

Lorsque je passais la porte pour redescendre, je regardais à nouveau vers l'avant et constatais, à ma grande surprise, l'inclinaison incontestable de la poupe, plus basse que la proue ; ce n'était alors qu'une légère pente que personne, sans doute, n'avait encore remarquée. Tandis que je descendais, j'avais la confirmation de cette inclinaison vers l'avant : il y avait *quelque chose d'inhabituel* avec les escaliers, un sentiment étrange de déséquilibre, de se sentir incapable de poser les pieds au bon endroit. Naturellement, puisqu'il était incliné vers l'avant, l'escalier présentait une pente selon un certain angle qui pouvait vous jeter vers l'avant. Cette pente n'était perceptible à ce moment que par ce sentiment de déséquilibre, je ne pouvais pas la voir.

Il y avait trois dames sur le pont D. Je pense qu'elles ont toutes été sauvées. C'est, au moins, une bonne chose d'être capable de faire la chronique de personnes rencontrées et sauvées, après avoir tant mentionné ceux qui ne l'ont pas été. Ces dames étaient dans le passage, près de la cabine.

– Oh ! Pourquoi sommes-nous arrêtés ? me demandaient-elles.

– Ils ont stoppé les machines, mais nous allons repartir, leur avais-je répondu.

– Oh non, répondit l'une, je ne peux pas ressentir les moteurs comme d'habitude, ou même les entendre. Écoutez !

Nous écoutions. Aucune trépidation audible. Ayant remarqué auparavant que ces vibrations étaient plus perceptibles lorsqu'on était allongé dans une baignoire, car elles parvenaient directement du sol grâce aux bords en métal – beaucoup ont, par confort, l'habitude de mettre la tête en arrière dans la baignoire – je les emmenais vers une salle de bain située dans le couloir, et leur fit mettre les mains sur le rebord de la baignoire. Elles étaient enfin rassurées de sentir les moteurs vibrer en bas et de savoir que nous progressions à nouveau. Je les laissais et, sur le chemin de ma cabine, je passais devant quelques stewards debout tranquillement, le dos posé contre les murs du salon. L'un d'eux – à nouveau le bibliothécaire – était penché sur une table, pour écrire. Il n'est pas exagéré de dire qu'ils n'avaient pas connaissance de l'accident, ne montrant aucun signe d'inquiétude sur la raison pour laquelle nous étions arrêtés et n'avions pas encore repris de vitesse ; toute leur attitude exprimait leur confiance parfaite dans le navire et les officiers.

Alors que je retournais dans ma cabine (qui était la dernière dans le couloir), je vis un homme debout à l'autre extrémité, en train d'attacher sa cravate.

– Quelque chose de nouveau ? me demandait-il.

— Non, guère plus, lui ai-je répondu. Nous allons avancer lentement et le navire penche un peu vers l'avant, mais je ne pense pas que ce soit grave.

— Venez et regardez cet homme, me dit-il en riant, il ne veut pas se lever.

Je regardais à l'intérieur de la cabine. Un homme était étendu sur la couchette du haut, le dos tourné vers moi, étroitement enroulé dans ses draps. Seul l'arrière de sa tête était visible.

— Pourquoi il ne se lève pas, il dort ? lui demandais-je.

— Non, rigolait l'homme qui s'habillait, il dit…

Mais avant qu'il ne puisse finir sa phrase, l'homme en haut grogna :

— Vous ne me tirerez pas de ce lit bien chaud pour aller, à minuit, me balader sur ce pont gelé ! Je suis bien mieux ici !

En riant tous les deux, nous lui expliquions la raison du « pourquoi il valait mieux se lever, », mais l'homme sur la couchette était certain d'être en sécurité ici et que tout cet habillement était parfaitement inutile.

Je les laissais pour revenir dans ma cabine.

Je mettais quelques sous-vêtements, puis m'asseyais sur le canapé. Je lisais depuis une dizaine de minutes lorsqu'à travers la porte entrouverte j'entendais le bruit que faisaient des gens, au-dessus, qui allaient de haut en bas. Puis, un cri, venant d'en haut :

« Tous les passagers sur le pont, avec les ceintures de sauvetage ! »

Je plaçais les deux livres que je lisais dans la poche de ma veste Norfolk, je ramassais ma ceinture de sauvetage (assez curieusement, cette nuit-là, je l'avais descendue de l'armoire en quittant ma cabine la première fois) et ma robe de chambre, et je rejoignais l'étage tout en attachant cette ceinture.

Lorsque j'étais sorti de ma cabine, je me souvenais avoir vu l'assistant du commissaire de bord, son pied posé sur l'escalier sur le point de l'escalader, qui chuchotait à un steward. Il secouait fortement la tête en approbation avec lui, bien que je ne pensais rien à ce moment. Je ne me doutais pas qu'il lui expliquait ce qui s'était passé à la proue, et qu'il lui donnait des ordres pour appeler tous les passagers.

En montant à l'étage avec les autres passagers – personne ne courait ou ne semblait être inquiet – nous avions rencontré deux dames qui descendaient. L'une me saisissait le bras et me demandait :

– Je n'ai pas ma ceinture de sauvetage, pourriez-vous venir dans ma cabine pour m'aider à la trouver ?

Je retournais avec elles sur le pont F – à mon grand amusement, la dame qui m'avait abordé me serrait le bras tout le temps, tel un étau – pour trouver un steward dans le corridor qui les emmenèrent à l'intérieur de leur cabine et les aidèrent à trouver la ceinture de sauvetage.

Tandis que je revenais vers le niveau supérieur, je passais devant la fenêtre du commissaire de bord, située sur le pont F, et remarquais une lumière à l'intérieur quand, étant à mi-hauteur vers le pont E, j'entendais le cliquetis métallique de la porte du coffre-fort suivi de pas qui s'éloignaient hâtivement dans le couloir du quartier des premières classes. Je n'avais guère de doute : c'était le commissaire de bord qui avait pris tous les objets de valeurs afin de les confier au commissaire des premières classes, dans l'espoir qu'ils pourraient tous être sauvés en un seul paquet. Voilà la raison pour laquelle j'ai dit, plus haut, que l'enveloppe qui contenait mon argent ne se trouvait pas dans le coffre, elle est probablement, avec beaucoup d'autres comme elles, dans un sac imprégné d'eau, au fond de l'océan.

En atteignant le pont supérieur, beaucoup de personnes étaient rassemblées là, certaines toutes habillées avec des manteaux et des couvertures, bien préparées à tout ce qui pourrait nous arriver ; d'autres avaient, à la hâte, jeté des couvertures sur elles lorsqu'elles avaient été appelées ou entendu l'ordre de s'équiper des ceintures de sauvetage ; ces dernières n'étaient pas en bonne condition pour affronter le froid de cette nuit. Heureusement, en l'absence de vent, il n'y avait pas d'air froid qui s'infiltrait dans les vêtements. Même la brise provoquée par le mouvement du navire avait complètement disparu, tandis que les moteurs s'étaient arrêtés à nouveau, laissant le *Titanic* aller paisiblement sur la surface de la mer, silencieusement, sans le moindre mouvement de roulis. En effet, comme nous pouvions le découvrir à ce moment, la mer était aussi calme qu'un lac intérieur, épargnant à un navire aussi grand que le *Titanic* la douce houle qui pouvait lui conférer quelques mouvements.

Être sur le pont, à de nombreux mètres au-dessus de cette eau qui clapotait paresseusement contre les flancs, et regarder aussi loin que possible que permettait l'obscurité, nous donnait une merveilleuse impression de sécurité ; nous nous ressentions aussi stable comme si nous étions sur un rocher au milieu de l'océan.

Mais, à présent, et à ce niveau, les preuves de la catastrophe à venir étaient plus évidentes à observer que sur le pont précédent : d'abord, il;y avait ces grondements et ces sifflements de jets de vapeur qui s'échappaient des chaudières, allant jusqu'en haut d'une des cheminées par un long tuyau. Un *boom* dur, assourdissant, avait rendu les conversations difficiles, ce qui, sans nul doute, augmentait l'appréhension de certaines personnes du seul fait de l'intensité du bruit. Imaginez vingt locomotives qui crachent de la vapeur dans un espace restreint, cela pourrait vous donner quelque idée du son désagréable auxquels nous étions confrontés sur le pont supérieur. Mais, après tout, c'est le genre de phénomène auquel nous devions nous attendre. Les moteurs se défoulaient en restant stationnaires et pourquoi les chaudières d'un navire n'en feraient pas de même lorsque ce dernier n'était pas en marche ? Je n'avais entendu personne faire le rapprochement entre ce bruit et le risque d'explosion des chaudières soumises à une haute pression de vapeur lors d'un naufrage ; peut-être était-ce la véritable explication de cette précaution, mais n'était-ce qu'une supposition ? Certains pouvaient avoir pleine conscience de cela, car depuis le moment où nous étions venus sur le pont jusqu'à ce que le canot n° 13 se soit éloigné, je n'avais pas entendu beaucoup de conversations parmi les passagers. Il n'est pas si exagéré de dire que personne ne s'était montré alarmé : aucune forme de panique, d'hystérie, de cris de peur ou même de course ici et là pour découvrir la raison pour laquelle on nous avait convoqués sur le pont avec nos ceintures de sauvetage. C'est ce qui devait être fait à cet instant. Nous nous tenions là, tranquillement, à observer le travail de l'équipage qui préparait les canots de sauvetage, et personne ne se hasardait à interférer dans leur tâche ni même de leur offrir de l'aide. Il était évident que nous n'étions d'aucune utilité ; la foule d'hommes et de femmes se tenait paisiblement sur le pont ou allait et venait lentement, en bas et en haut, en attendant les ordres des officiers.

Maintenant, avant d'envisager tous les autres événements qui suivirent, l'état d'esprit des passagers sur le moment et les motifs qui poussaient chacun à agir comme ils ou elles l'avaient fait dans ces circonstances, il est important de garder à l'esprit la quantité d'informations dont nous disposions. Les hommes et les femmes agissent en fonction de leur jugement et de la connaissance des conditions qui les entourent. La meilleure façon de comprendre certaines choses, apparemment inconcevables, qui surviennent est, pour n'importe qui, de s'imaginer être présent lui-même ou elle-même sur le pont cette nuit-là. C'est un mystère, pour certaines personnes, que des femmes aient refusé de quitter le navire, que d'autres s'étaient retirées dans leur cabine, et ainsi de suite, mais c'est une question de jugement, après tout.

Alors, si le lecteur pouvait venir et se tenir sur ce pont avec la foule, il devra d'abord se débarrasser entièrement du fait qu'il sait que le *Titanic* a sombré ; c'est primordial, car il ne peut pas voir les conditions telles qu'elles existaient à travers la brume mentale qui découle de la connaissance de la plus grande tragédie maritime que le monde ait connu. Il doit se défaire de toute prescience de la catastrophe et comprendre pourquoi les passagers ont agi comme ils l'ont fait. Ensuite, c'est encore mieux de se débarrasser de toutes ces images présentes, soit par sa propre imagination ou par celle qu'un artiste aurait produite, qu'elle soit picturale ou verbale, "*à partir des informations fournies*". Certaines de ces images sont assez imprécises – les verbales – et là où elles sont erronées, c'est dans l'aspect très dramatique : elles n'ont pas besoin de l'être, les conditions, dans leur ensemble, ont été suffisamment dramatiques dans toute leur stricte simplicité, sans qu'il soit nécessaire d'y ajouter de *hautes couleurs.*

Le lecteur, ayant fait ces corrections mentales, se retrouvera comme l'une de ces personnes parmi cette foule face à ces conditions suivantes : une atmosphère parfaitement sereine ; une belle nuit, magnifiquement étoilée, mais sans lune, et donc avec une lumière qui n'avait qu'une quelconque utilité ; un navire qui s'était immobilisé calmement, sans signe d'un quelconque désastre – pas d'iceberg visible, pas de brèche dans le flanc du navire par laquelle l'eau s'engouffrait, rien de brisé ou hors de place, aucun bruit d'alarme, pas de mouvements de gens sauf à un rythme normal de marche ; l'absence de toute information sur la nature de l'accident, de l'étendue des dommages ou de la probabilité d'un naufrage en quelques heures à peine ; du nombre de canots, radeaux et autres engins de sauvetage disponibles ; de leur capacité ; de la présence de navires proches ou capables de venir à l'aide. En fait, une absence presque complète de toutes les connaissances positives sur l'ensemble de ces points. Je pense que ce fut le résultat d'un jugement délibéré de la part des officiers et, peut-être que cela a été la meilleure chose qui pouvait être faite. En particulier, il faut se rappeler que le navire avait un sixième de mile de long [1], avec des passagers sur les trois ponts ouverts à la mer, et sur les côtés bâbord et tribords à chaque pont. Cela peut donner une idée de la difficulté qui se présentait aux officiers pour garder le contrôle sur une telle surface, avec l'impossibilité de tout savoir ce qui se passait sauf dans son voisinage immédiat. Sans doute tout ceci peut mieux se résumer en disant qu'après avoir embarqué dans les canots de sauvetage et nous être éloignés du *Titanic*, cela ne nous aurait pas surpris d'apprendre que tous les passagers pouvaient avoir été sauvés. Mais les cris des gens qui se noyaient après que le *Titanic* ait disparu dans les flots furent pour nous comme un coup de tonnerre. Je suis conscient que les expériences de ceux qui ont été sauvés pouvaient différer, à bien des égards, de ce qui précède : certains étaient des habitués aux voyages et des marins et, par conséquent, ils pouvaient en déduire plus rapidement ce qui était susceptible de se produire, mais je pense que le paragraphe ci-dessus donne une idée assez précise de l'état d'esprit de la plupart de ceux qui étaient sur le pont cette nuit-là.

Pendant tout ce temps, les gens affluaient depuis l'escalier et s'ajoutaient à la foule présente. Je pensais alors qu'il serait bien de retourner à ma cabine pour y sauver quelque argent et prendre des vêtements chauds, si jamais nous devions embarquer dans les canots. Mais, voyant par les fenêtres des vestibules que des gens venaient encore à l'étage, je décidais que cela ajouterait de la confusion si je passais par l'escalier ; ainsi, je décidais de rester sur le pont.

J'étais maintenant sur le côté tribord du pont des embarcations ; il était minuit vingt. Nous regardions l'équipage qui s'affairait sur les

---

1. Il mesurait 269 mètres, ce qui était considérable pour l'époque.

canots de sauvetage, les numéros 9, 11, 13 et 15 ; certains, à l'intérieur des embarcations, préparaient les avirons tandis que d'autres enroulaient des cordages sur le pont – ces cordages devant passer par les poulies pour nous affaler à la mer – d'autres avec des manivelles montées sur les bras de basculement des bossoirs. Une fois fait, les matelots manœuvraient les manivelles et les bossoirs étaient orientés vers l'extérieur jusqu'à ce que les canots suspendus ne touchent plus le pont.

À ce moment, un officier arrivait sur le pont des premières classes et criait à travers les bruits des fuites de vapeur :

« Toutes les femmes et les enfants doivent aller sur le pont inférieur et tous les hommes doivent se reculer des bateaux. »

Cet officier devait être de repos au moment de la collision, car il était légèrement vêtu, avec un cache-nez hâtivement enroulé autour de son cou. Les hommes reculaient tandis que les femmes quittaient le pont pour monter dans les canots à partir du pont inférieur. Deux femmes refusaient de s'éloigner de leurs maris, mais, en partie par la persuasion et en partie par la force, elles ont été séparées d'eux et envoyées vers l'autre pont.

À ce moment-là, je pense que la présence d'un danger imminent, lentement, venait à l'esprit des gens qui assistaient à la préparation des canots et la séparation des hommes et des femmes, mais cela ne faisait aucune différence dans l'attitude de la foule. Tous étaient prêts à obéir aux ordres et à faire ce qu'il fallait pour la suite, une fois arrivés sur le pont. Je ne dis pas qu'ils n'ont pas réfléchi, mais ce sont des gens en grande partie d'origine germanique, avec un respect inné pour l'ordre public et les traditions léguées par les générations ancestrales. Les raisons qui les faisaient agir ainsi étaient impersonnelles, instinctives, héréditaires.

Qu'une seule personne n'ait pu réaliser, cette nuit-là, que le navire était en danger, tous les doutes à ce propos devaient être écartés de manière dramatique.

Soudain, un rayon de lumière venant du pont avant, suivi d'un sifflement rugissant, détourna notre attention fixée jusqu'alors sur les canots. Une fusée s'élevait vers les étoiles, vacillant et scintillant au-dessus de nous. Elle montait de plus en plus haut, suivie du regard par une mer de visages. Puis une explosion semblait diviser la nuit silencieuse en deux, et une pluie d'étoiles coulait lentement, disparaissant une à une. Dans un soupir haletant, un mot s'échappait des lèvres de la foule : «des fusées!» Tout monde sait ce que signifient des fusées, en mer. Et à ce moment, une autre fut suivie d'une troisième.

Inutile de nier l'intensité dramatique de cette scène. En effet, séparez à l'image du calme de cette nuit tous les terribles événements qui ont suivi, la lumière soudaine sur les ponts bondés par des gens à divers stades d'habillement ou de déshabillement, les énormes cheminées en arrière-plan et les lignes effilées des mâts révélés par la fusée qui montait en flèche, dont le jet de lumière illuminait dans le même temps les visages et les esprits de la foule obéissante, l'une avec une lumière physique pure, l'autre par la révélation de ce que signifiait son message. Chacun savait, sans que cela soit dit, que nous appelions à l'aide tous les navires assez proches pour nous voir.

L'équipage était maintenant dans les canots, les marins debout près des poulies pour laisser glisser les cordages par saccades à travers les taquets et descendre les bateaux jusqu'au niveau du pont B. Les femmes et les enfants remplissaient les canots en passant par-dessus le bastingage. Lorsqu'ils étaient pleins, les canots étaient affalés un à un, en commençant par le numéro 9, le premier sur le pont de seconde classe, pour revenir vers le 15. Ainsi, nous pouvions voir sur le bord du pont — qui était désormais complètement ouvert sur la mer — les quatre bateaux, affalés depuis là, formaient une barrière naturelle, le laissant à découvert.

À ce moment, tout en marchant sur le pont, je vis deux dames qui venaient du côté bâbord, elles s'avançaient vers le bastingage qui séparait la seconde classe du pont des premières. Il y avait là un officier qui barrait le passage.

– Pouvons-nous aller dans les canots? demandaient-elles.

– Non, Mesdames, répondit-il poliment. Vos canots sont descendus à partir de votre propre pont, disait-il en pointant l'endroit où les bateaux étaient suspendus en se balançant, en dessous.

Les dames firent demi-tour et se dirigèrent vers l'escalier. Sans doute purent-elles monter dans l'un de ces canots, elles en avaient amplement le temps. Je mentionne cela pour démontrer qu'il y avait, en tout cas, un arrangement – officiel ou non – pour séparer les classes lors de l'embarquement dans les canots. Dans quelle mesure ceci a été réalisé, je ne sais pas, mais si les passagers de seconde classe ne devaient pas embarquer à partir de la plate-forme des premières, alors que ceux de l'entrepont étaient autorisés à accéder à celle des secondes, il semblerait que cela fit à peine pression sur les hommes des secondes. Cela est plutôt à mettre en compte sur le faible pourcentage de ceux de l'entrepont qui furent sauvés.

Presque aussitôt après cet incident, un bruit courait parmi les hommes situés sur le pont supérieur côté tribord qu'ils devaient être pris en charge par le côté bâbord. Comment cette rumeur était-elle apparue ? Je suis bien incapable de le dire, mais je peux supposer que, comme les canots bâbord – les numéros 10 à 16 – n'avaient pas été descendus depuis le pont supérieur aussi rapidement que ceux de tribord (ils devaient être encore sur le pont), on pouvait supposer que les femmes avaient été prises en charge d'un côté et les hommes de l'autre. Mais, quelle que soit la façon dont cette rumeur démarra, elle fut suivie par presque tous les hommes à la fois, qui se pressèrent alors vers le côté bâbord et assistèrent à la préparation des canots pour leur descente, laissant le côté tribord presque désert. Cependant, deux ou trois hommes restèrent là, sans raison quelconque. Quant à moi, je pense qu'aucune décision logique ne m'avait incité à demeurer là plutôt que de rejoindre l'autre bord. Mais, alors qu'il n'y avait aucun processus de la raison consciente, je suis convaincu que je devais mon salut à la nécessité de garder mon calme et d'attendre patiemment qu'une quelconque opportunité de sauvetage se présente d'elle-même.

Peu après que les hommes eurent quitté le côté tribord, je vis un musicien – le violoncelliste – passer par le vestibule depuis l'entrée de l'escalier et descendre vers le pont tribord, alors désert. Il traînait son violoncelle derrière lui, faisant glisser son pic sur le plancher. Il devait être environ minuit quarante. Je suppose que l'orchestre avait commencé à jouer peu après, et cela durant deux heures. Beaucoup d'actions courageuses ont été menées ce soir-là, mais aucune ne fut plus brave que celles de ces musiciens qui, minute après minute, jouaient tandis que le navire s'enfonçait tranquillement dans la mer et que l'eau montait progressivement vers l'endroit où ils se tenaient. La musique qu'ils jouaient était comme leur propre Requiem immortel et leur droit de figurer à jamais sur les listes de la gloire éternelle.

En regardant devant et en bas, nous pouvions maintenant voir plusieurs canots sur l'eau. Ils se déplaçaient lentement le long du bord, un par un, sans confusion ni bruit, s'éloignant furtivement loin dans les ténèbres qui les engloutissaient à leur tour tandis que les hommes d'équipage tiraient sur les avirons. Un officier – je pense qu'il s'agissait de M. Murdock, le premier officier – est venu, arpentant le pont, vêtu d'un long manteau ; son attitude et son visage trahissaient une grande agitation, mais il était déterminé et résolu. Il regarda sur le côté et criait en direction des canots en cours de descente :

– Affalez, et quand vous serez à l'eau, rangez-vous autour de la passerelle et attendez les ordres.

– Oui, oui, Monsieur, était la réponse.

Et l'officier passait et traversait le navire pour rejoindre le côté bâbord.

Presque immédiatement, j'entendais un cri venant d'en dessous :

– Plus de dames ?

Regardant par-dessus bord, je voyais le canot n° 13 qui se balançait au niveau du bastingage du pont B, avec son équipage, quelques chauffeurs, des passagers hommes et, pour le reste, des dames, ces dernières comptant environ pour la moitié du nombre total. Le canot était presque plein et sur le point d'être descendu. L'appel *pour les dames* était répété deux fois encore, mais, apparemment, il n'y avait plus personne. C'est alors qu'un des membres de l'équipage leva les yeux et m'avait vu les suivre du regard.

– Plus aucune dame sur votre pont ? me demanda-t-il.

– Non, lui avais-je répondu.

– Alors, vous feriez mieux de sauter dedans.

Je m'asseyais sur le rebord du pont avec les pieds en dehors, jetais ma robe de chambre (que j'avais portée sur mon bras durant tout ce temps) dans le canot et je me laissais glisser pour tomber près de la poupe. Tandis que je me relevais, j'entendis un cri :

– Attendez, voici deux dames de plus.

Elles furent poussées précipitamment sur le bord, et tombèrent dans le bateau, l'une au milieu et l'autre à l'arrière près de moi.

Par la suite, elles m'expliquaient qu'elles avaient été regroupées avec d'autres dames sur un pont inférieur et qu'elles étaient montées sur le pont B non pas par l'escalier habituel, mais par l'une de ces échelles en fer qui sont destinées au passage des marins sur le navire, reliant à la verticale chaque pont avec celui d'en dessous. D'autres dames, qui étaient en face d'elles, se levèrent rapidement, mais ces deux-là furent longtemps retardées par le fait que l'une d'entre elles – celle qui avait reçu de l'aide en premier pour passer par-dessus le bord pour rejoindre le canot n° 13 vers le milieu – n'était pas du tout prête à bouger. Il semblait presque impossible pour elle de monter sur une échelle verticale. Nous l'avions vu quelques heures plus tard essayer de grimper l'échelle de corde qui se balançait le long de la coque du *Carpathia*, et elle avait éprouvé la même difficulté.

Tandis qu'elles dégringolaient dans le canot, l'équipage criait : « affalez ! », mais avant que l'ordre ne soit exécuté, un homme avec sa femme et un bébé étaient venus rapidement sur le côté. Le bébé avait été confié à la dame à l'arrière, la mère prit place vers le milieu et, au dernier moment, le père sauta dans le canot qui commençait sa descente vers la mer, plusieurs mètres en dessous.

———

La descente des canots.
En bas à gauche de l'illustration, le canot n° 13, où se trouve
l'auteur, manque de se faire écraser par le n° 15.
Dessin de Charles Edward Dixon (1872 - 1934)

CHAPITRE IV

LE NAUFRAGE DU TITANIC,
VU DEPUIS UN CANOT DE SAUVETAGE

Revenons maintenant sur la descente de notre canot le long du côté du navire.

Il semble tout à fait surprenant qu'aucun de ses occupants ne se soit rappelé un peu de ce qu'ils pensaient à ce moment. Pourtant, c'était sans aucun doute une grande aventure.

Il était très éprouvant de sentir le canot descendre par saccades, mètre par mètre, tandis que les cordages étaient relâchés d'en haut et *hurlaient* quand ils passaient à travers les poulies, et le craquement des cordages et du matériel neuf sous la contrainte d'un canot chargé de gens. L'équipage criait aux marins situés au-dessus, le canot se trouvant maintenant légèrement incliné à l'une de ses extrémités : «plus bas à l'arrière!» – «la poupe plus basse!» et «plus bas ensemble!» quant il revenait à niveau. Mais je ne pense pas que nous étions très angoissés sur le fait de rejoindre l'eau en toute sécurité. Assurément, c'était impressionnant de voir la coque noire du navire d'un côté et de l'autre, la mer à soixante-dix pieds[1] plus bas, ou de passer devant les cabines et les salons brillamment éclairés. Mais nous ne savions rien de l'appréhension ressentie par quelques-uns des officiers, soucieux de savoir si les canots et le matériel de descente pouvaient supporter le poids de soixante personnes. Cependant, les cordages étaient neufs et solides, et le canot ne se déformait pas en son milieu comme un bateau plus vieux aurait pu le faire.

Qu'il soit bien de descendre à la mer des canots pleins ou non – probablement non – je pense qu'il n'y avait rien à dire de plus sauf à faire les plus grands éloges aux officiers et aux membres d'équipage en haut, pour

---

1. Environ vingt-deux mètres.

la manière dont ils avaient affalé les canots les uns après les autres, en toute sécurité. Cela pourrait sembler simple, à la lecture de cette affaire, mais, apparemment, tout marin sait que ce n'est pas le cas. Un officier expérimenté m'a dit qu'il avait vu, lors d'un entraînement, un canot vide de passagers être affalé depuis le pont d'un navire, par un équipage formé. Les marins entraînés relâchaient les cordages, ceci en plein jour, par temps calme et le navire à quai. Et il avait vu le canot s'incliner et jeter l'équipage tête en avant dans la mer. Ces conditions contrastaient avec celles que nous rencontrions cette nuit-là, à minuit quarante-cinq ! Il est impossible de nier cela : l'équipage avait fait son devoir avec la plus grande efficacité, qu'il ait été formé ou non à la descente des canots, qu'il se soit exercé ou non depuis son arrivée à bord. Je ne peux pas m'empêcher d'avoir la plus profonde gratitude envers les deux marins qui se tenaient aux cordages ci-dessus, et qui nous ont descendus à la mer. Je pense qu'ils n'ont pas été sauvés.

L'une des explications pour laquelle nous ressentions si peu d'émotions sur la manière insolite dont nous quittions le *Titanic*, était, sans doute, que cela nous paraissait être le point culminant d'une série d'événements extraordinaires. L'ampleur de la chose tout entière éclipsait les événements qui, d'ordinaire, pourraient apparaître pleins de périls imminents. C'est facile de l'imaginer : un voyage de quatre jours sur une mer calme sans un seul incident malencontreux ; la supposition que nous pourrions être à quai dans les vingt-quatre heures et ainsi terminer un voyage splendide que nous avions peut-être mentalement déjà réalisé à moitié ; ensuite, sentir les machines s'arrêter, puis être tous convoqués sur le pont avec peu de temps pour s'habiller et attacher une ceinture de sauvetage ; de voir des fusées tirées en l'air pour des appels à l'aide et de nous demander de monter à bord d'un canot de sauvetage. Malgré tout ceci, nous n'avions pas l'impression que le navire allait sombrer ; c'était l'ordre naturel des événements précédents et nous avions appris, à la dernière heure, à prendre les choses comme elles venaient. En même temps, si quelqu'un me demandait comment était cette sensation, il était tout à fait facile de la mesurer : qu'il s'imagine être en haut, à soixante-quinze pieds [1] depuis les fenêtres d'une grande maison ou d'un immeuble, et lui

---

1. Environ vingt-trois mètres.

demander de regarder vers le bas et ensuite se retrouver lui-même avec quelque soixante autres personnes entassées dans un canot tellement étroit que beaucoup ne pouvaient ni s'asseoir ni se déplacer, et ensuite l'image du canot qui descendait dans une série de saccades continues tandis que les marins relâchaient les cordages dans les taquets ci-dessus. Il y avait plus agréable comme sensation !

Ô combien pouvions-nous être reconnaissant d'avoir une mer aussi calme et le *Titanic* si stable et silencieux tandis que nous nous éloignions de lui. Nous étions épargnés des secousses et des coups de butoirs qui accompagnent si souvent la mise à l'eau d'un canot. Je ne me souviens même pas que nous ayons eu à le repousser tandis que nous essayions de nous libérer des cordages.

Pendant notre descente, l'un des membres de l'équipage cria :

– Nous sommes juste devant le conduit d'échappement du condensateur, nous ne pouvons pas rester devant cette évacuation ou alors, nous allons être submergés. Baissez-vous sur le fond et tenez-vous prêts à tirer vers le haut la goupille qui permet de libérer les cordes dès que nous serons sur l'eau.

Ayant souvent regardé sur le flanc du navire, j'avais remarqué ce jet d'eau qui sortait des entrailles du *Titanic*, juste au-dessus de la ligne de flottaison. En fait, le débit était si fort qu'il entaillait le flot et rencontrait les vagues qui venaient vers nous ; ce flux pouvait créer une éclaboussure qui envoyait des embruns en l'air.

À tâtons, sur le plancher du canot et sur les bords, nous recherchions cette goupille autant que nous pouvions le faire dans la foule de gens, sans aucune idée de savoir où elle pouvait se trouver. Aucun membre de l'équipage ne savait où elle était et même si elle existait quelque part ; jamais nous ne l'avons trouvée. Pendant ce temps, nous nous rapprochions de la mer et le grondement de l'échappement se faisait de plus en plus proche, jusqu'à ce que, finalement, nous flottions avec les cordes qui nous tenaient toujours d'en dessus. Tandis que nous étions aspergés par le jet de l'échappement, la force de la vague nous ramena contre le bord du vaisseau – cependant, ceci n'avait pas beaucoup d'influence sur la gouverne.

Réfléchissant à ce qui suivait, j'imagine que lorsque nous étions posés sur l'eau, le jet du condensateur était à notre proue et non au milieu, comme je l'avais pensé à un moment. En tout cas, la résultante de ces trois forces nous avait placés parallèlement au navire, directement à l'endroit où le canot n° 15 devait descendre depuis ses bossoirs vers la mer. En levant les yeux, nous l'avons vu être, en cours de descente, rapidement, à partir du pont B. Il devait être rempli immédiatement après le nôtre. Nous avions crié, fort :

– Arrêter de descendre le 14[1] !

L'équipage et les passagers du 14 nous entendaient crier ; voyant notre position immédiatement juste en dessous d'eux, ils criaient la même chose vers les marins qui étaient sur le pont du navire, mais apparemment ces derniers n'entendaient rien, car le canot poursuivait sa descente pied par pied, vingt, quinze, dix pieds... Un chauffeur et moi, à la proue, nous pouvions presque toucher la quille du canot qui se balançait juste au-dessus de nos têtes, et nous tentions d'écarter le nôtre. Rien ne semblait pouvoir l'empêcher de tomber sur nous, mais, à ce moment, un autre chauffeur, avec son couteau, bondit sur le cordage qui nous maintenait et je l'entendis crier : « Une, deux !... » tandis qu'il la coupait. Juste après, nous nous retrouvions projetés loin du n° 15, suffisamment éloigné de lui lorsqu'il chuta dans l'eau, juste à l'endroit que nous occupions auparavant. Je ne sais pas comment les cordages de la proue ont été libérés, mais j'imagine qu'ils ont été sectionnés de la même manière, car nous étions emportés loin du *Titanic* par la force du courant, partant à la dérive tandis que nous sortions les avirons.

Je pense que tous ressentaient, une fois de plus, que ces événements étaient la plus forte des épreuves par laquelle nous étions passés. Un grand soupir de soulagement monta à l'instant où nous étions éloignés loin du canot qui était au-dessus de nos têtes. Durant tout ce temps, je n'avais entendu aucun cri fort ; aucune voix de femme ne s'éleva, par la peur ou l'hystérie. Je pense que cette nuit-là, nous avons beaucoup appris au sujet de l'effroyable appréhension appelée *peur*, et que le fait d'y être directement confronté est beaucoup moins terrible que *la crainte d'avoir peur*.

---

1. Dans un compte-rendu paru dans les journaux du 19 avril, j'avais décrit ce canot comme étant le 14, ne sachant pas qu'ils étaient numérotés en alternance.

Notre équipage, à bord du canot, était composé de cuisiniers et de stewards, surtout les anciens, je pense ; le blanc de leurs vestes tranchait dans l'obscurité pendant qu'ils tiraient à deux sur un aviron. J'avais quelques doutes sur leur connaissance de la pratique de l'aviron ; durant toute la nuit, leurs avirons se croisaient et s'affrontaient. Si notre sécurité dépendait de la vitesse ou de la précision de garder le rythme, cela aurait été un mauvais parti contre nous. D'un bout de notre canot à l'autre, ils criaient ce que nous devrions faire, ou vers où devrions-nous aller, mais personne ne semblait savoir comment agir. Finalement, nous avions demandé : « qui est responsable de ce canot ? », mais il n'y eut aucune réponse. Nous avions alors convenu par consentement général que le chauffeur, qui se tenait à l'arrière avec le gouvernail, devait agir en tant que capitaine. Depuis lors, il avait dirigé le cap, en criant aux autres canots de rester en contact avec eux, non qu'il y avait un endroit où aller, ou quoi qu'on ne pût faire. Notre plan d'action était simple : maintenir tous les canots ensemble autant que possible et attendre jusqu'à ce qu'ils soient recueillis par d'autres paquebots.

Apparemment, les membres de l'équipage avaient entendu parler de la télégraphie sans fil avant qu'ils ne quittent le *Titanic,* mais jamais je ne les ai entendus dire que nous étions en contact avec des navires autres que l'*Olympic*. C'était toujours lui qui devait venir à notre secours. Ils pensaient même qu'ils savaient à quelle distance il se trouvait et, faisant un calcul, nous arrivions à la conclusion que nous pourrions être recueillis vers deux heures de l'après-midi. Cependant, ce n'était pas notre unique espoir de sauvetage : tout le temps qu'avait duré l'obscurité, nous cherchions du regard des feux de paquebots, pensant qu'il pourrait y avoir une chance que d'autres navires peuvent naviguer assez près pour apercevoir les lumières allumées par quelques-uns dans les canots.

Je suis certain que, dans l'esprit de chacun, il n'y avait pas d'idée autre que d'être secouru le lendemain. Nous savions que les télégrammes partaient d'un navire à l'autre, et comme le déclarait un chauffeur : « La mer sera couverte de navires demain après-midi, ils viendront de tous les coins de la mer pour nous trouver. » Certains pensaient même que de rapides torpilleurs pourraient devancer l'*Olympic*.

Ce dernier était le plus éloigné de tous. Huit autres navires se trouvaient à trois cents milles de nous.

Ô combien aurions-nous pu être heureux de savoir que les secours étaient proches, et combien de navires avaient entendu notre message, s'empressant de venir aider le *Titanic*. Je pense que rien ne nous aurait plus surpris que d'apprendre que tant de navires étaient assez proches de nous pour nous sauver en quelques heures. Presque immédiatement après avoir quitté le *Titanic*, nous avions tous dit qu'il y avait les lumières d'un navire en bas sur l'horizon, vers le côté bâbord du *Titanic* : deux feux l'un au-dessus de l'autre qui, manifestement, ne provenaient pas d'un des canots. Nous naviguions dans cette direction durant quelque temps, mais les lumières s'éloignèrent et disparurent au-dessous de l'horizon.

Mais c'était plutôt anticipé, car nous n'avions rien de cela. Nos yeux n'étaient fixés que sur le navire que nous venions de quitter. Tandis que les rameurs tiraient lentement, nous avions tourné et regardé longtemps le puissant navire qui dominait notre minuscule canot. Je sais que c'était une chose extraordinaire pour laquelle je serais encore appelé à en témoigner. Je réalise maintenant combien le langage est inadapté pour transmettre à d'autres personnes – qui n'étaient pas là – la réelle impression de ce que nous avions vu. Cependant, la tâche doit être tentée. Tout ceci est d'une telle intensité dramatique qu'il est impossible de coucher sur le papier ce que nos yeux ont vu, la ressemblance réelle du navire tel qu'il était là ; quelques croquis de la scène ne seraient pas possibles.

Tout d'abord, les conditions climatiques étaient exceptionnelles. Cette nuit était l'une des plus belles que je n'ai jamais vues. Pas un seul nuage pour ternir la brillance des étoiles groupées si densément qu'il semblait y avoir, par endroits, plus de points de lumière éblouissante que le fond noir du ciel lui-même. Dans l'atmosphère libre de toute brume, chaque étoile paraissait avoir son éclat décuplé, accru, scintillant, avec des paillettes éclatantes. Le ciel n'était qu'un cadre fait rien que pour elles, où elles affichaient leur émerveillement. Elles semblaient si proches, leur lumière bien plus intense que jamais auparavant. L'imagination nous suggérait qu'elles voyaient ce beau navire en dessous d'elles, dans une détresse terrible, et toutes leurs énergies s'étaient réveillées en se lançant des messages l'une à l'autre à travers le dôme noir du ciel ; elles se racontaient et s'avertissaient de la catastrophe qui se déroulait dans le monde d'ici-bas.

Plus tard, lorsque le *Titanic* avait sombré et que nous étions toujours sur la mer à attendre l'aube ou la venue d'un navire, je me souviens avoir regardé vers le ciel, et je réalisais parfaitement pourquoi Shakespeare écrivit les belles paroles qu'il mit dans la bouche de Lorenzo :

"Assieds-toi, Jessica ; vois comme la voûte des cieux est incrustée de disques brillants.

Parmi tous ces globes que tu vois, il n'y a pas jusqu'au plus petit, dont les mouvements ne produisent une musique angélique en accord avec les concerts des chérubins à l'œil plein de jeunesse.

Telle est l'harmonie qui se révèle aux âmes immortelles : mais tant que notre âme est enclose dans cette grossière enveloppe d'une argile périssable, nous sommes incapables de l'entendre" [1]

Mais cette nuit-là, nous pouvions presque les entendre, ces étoiles qui nous semblaient vraiment vivantes. L'absence totale de brume produisait un phénomène que je n'avais jamais vu auparavant. Là où le ciel rencontrait la mer, la ligne était aussi claire et précise que la lame d'un couteau, de sorte que l'eau et l'air n'avaient jamais fusionné progressivement l'un dans l'autre, se mêlant pour former une ligne d'horizon arrondie et molle. Chaque élément était si exclusivement distinct qu'une étoile qui descendait au bas du ciel, près du bord clair de la ligne d'horizon, ne perdait rien de son éclat. La terre tournait et la bordure de l'océan venait à recouvrir partiellement l'étoile. Ainsi, comme coupée en deux, sa partie supérieure continuait de briller aussi longtemps qu'elle ne se retrouvait pas cachée et jetait pour nous une longue ligne de lumière sur la mer.

Lors de son témoignage devant le comité du Sénat américain, le capitaine d'un des navires qui étaient proches de nous cette nuit-là avait dit que les étoiles, à la limite de l'horizon, étaient tellement lumineuses qu'il fut induit en erreur, pensant que c'étaient les lumières des navires. Il ne se souvenait pas avoir vu de telles nuits auparavant. Ceux qui étaient sur l'eau seront tous d'accord avec cette affirmation : *nous* avions souvent fait l'erreur de penser qu'il s'agissait des lumières d'un navire.

Et puis, l'air froid ! Là encore, c'était quelque chose d'assez nouveau

---

1. William Shakespeare, *Le marchand de Venise.*

pour nous. Pas un seul un brin de vent pour souffler vivement autour de nous tandis que nous étions dans le canot et, en raison de cela, cet air froid persistait à se faire sentir; un froid vif, rigoureux, glacé, immobile, qui ne venait de nulle part et qui, pourtant, était là en permanence. Cette immobilité – si encore on peut imaginer le froid être immobile – nous semblait nouvelle et étrange.

Et tout ça – le ciel et l'air – était au-dessus de nous, et dessous était la mer. Là encore, c'était quelque chose d'inhabituel, une mer d'huile aux flots ondulants dans un mouvement tranquille qui berçait notre bateau rêveur çà et là. Nous n'avions pas besoin de garder l'avant face à la houle. Souvent, je regardais le flanc du bateau glisser contre l'eau. Avec un canot chargé comme le nôtre, cela aurait été impossible d'affronter la houle. La mer glissait en douceur sous notre coque et je pense que nous n'avions jamais entendu de clapotis sur les côtés ; donc, en apparence, l'eau était grasse. Lorsqu'un des chauffeurs disait qu'il avait navigué pendant vingt-six ans et qu'il n'avait jamais vu une telle nuit, nous l'avions accepté comme vrai, sans commentaire. Tout comme un autre qui exprimait cette remarque : « Cela me rappelle un sacré pique-nique ! » Oui, un pique-nique sur un lac ou une rivière calme comme la Cam[1] ou un endroit retiré sur la Tamise. Dans ces conditions de ciel, de l'air et de la mer, nous regardions le flanc du *Titanic* situé à une courte distance de là. Le navire était absolument immobile. En effet, il semblait que le coup porté par l'iceberg lui ayant retiré tout courage, il venait se reposer là tranquillement et s'installait sans faire un effort pour se sauver, sans un murmure de protestation contre un tel coup du sort. La mer ne pouvait pas le bercer, le vent n'était pas là pour souffler bruyamment sur les ponts et faire vibrer les cordages. En premier, ce qui devait étonner ceux qui le regardaient était cette impression de calme ; mais, d'une manière lente, insensible, il s'enfonçait peu à peu dans l'océan tel un animal en détresse.

La coque du *Titanic* était, à elle seule, un spectacle grandiose à contempler. Imaginez un navire de près d'un sixième de mille de long, de soixante-quinze pieds[2] de haut depuis les ponts supérieurs, avec quatre énormes cheminées s'élevant au-dessus des ponts et, au-dessus

---

1. Une rivière dans le Cambridgeshire (Angleterre).
2. Sa longueur, de 269 m. et une hauteur de 23 m. environ.

de ces cheminées, les mâts ; des centaines de hublots, tous les salons et autres salles avec de la lumière brillante et, autour du paquebot, des petits bateaux remplis de ceux, qui quelques heures auparavant, foulaient ses ponts, lisaient dans ses bibliothèques, écoutaient la musique de l'orchestre aux accents joyeux. Maintenant, ils regardaient avec stupeur l'énorme masse qui se dressait au-dessus d'eux ; et ils s'éloignaient à l'aviron, car ce navire sombrait.

Par moment, j'avais envie de voir le *Titanic* s'éloigner à une certaine distance ; quelques heures avant, pendant le dîner, lors d'une conversation avec un autre passager, lorsque nous aurions débarqué à New York nous avions fait le vœu d'avoir une vue d'ensemble de ses lignes et de ses dimensions en nous tenant à une certaine distance, afin d'admirer ses pleines proportions, ce qui était impossible à réaliser à Southampton en raison de l'étroitesse du quai. J'étais loin de me douter que cette occasion se présenterait aussi rapidement et d'une manière aussi radicale. Le contexte, lui aussi, était bien différent de ce que j'avais prévu pour le *Titanic*. La silhouette noire de son profil, se détachant du ciel, était bordée tout du long par les étoiles clouées au firmament, toutes ses cheminées et ses mâts étaient rehaussés de la même manière. Sa masse se voyait là où les étoiles s'effaçaient à notre regard. Et une autre chose, différente de ce qui était attendu, nous sauta immédiatement aux yeux : comme nous pouvions le voir, toutes les sensations de la beauté de la nuit, des lignes du navire et des lumières – et toutes ces beautés prises pour elles-mêmes – cette chose était l'angle affreux formé par le niveau de la mer avec les rangées de lumières des hublots qui longeaient son côté en pointillé, rangée après rangée. Le niveau de la mer et les lignes de lumières auraient dû être parallèles, elles n'auraient jamais dû se rencontrer. Mais maintenant, elles se rejoignaient en un angle intérieur avec la coque du navire. Rien d'autre n'indiquait que le *Titanic* était blessé, rien d'autre que cette violation apparente d'une simple loi géométrique, *que des lignes parallèles ne devraient jamais se rencontrer même si elles naissaient si loin dans un sens ou un autre.* Cela signifiait que le *Titanic* s'enfonçait par l'avant jusqu'à ce que le plus bas des hublots de la proue soit sous l'eau et les hublots de l'arrière s'élevaient au-dessus de leur hauteur normale.

Nous naviguions loin du *Titanic* dans le calme de la nuit, priant de tout notre cœur pour qu'il ne sombre pas plus, et que nous puissions, dans la journée, le retrouver dans cette même position. Cependant, l'équipage du canot ne le pensait pas. On disait fréquemment que les officiers et les membres de l'équipage étaient assurés qu'il pouvait rester à flot, même après avoir eu connaissance de l'ampleur des dégâts. Certains d'entre eux le pensaient, sans doute en raison de leurs connaissances scientifiques sur sa construction, avec plus de raisons à ce moment que ceux qui disaient qu'il allait couler. Mais, en tout cas, dans notre canot, les chauffeurs ne se faisaient aucune illusion. L'un d'eux – je pense qu'il s'agissait du même homme qui avait coupé les cordages pour nous libérer des poulies – nous a raconté que, quand il était à son travail dans la soute, et dans la prévision de quitter son service dans un quart d'heure, confirmant ainsi l'instant de la collision à minuit moins le quart, il avait près de lui une casserole de soupe qu'il gardait au chaud sur une partie de la machine ; soudain, tout le côté du compartiment s'était enfoncé et l'eau s'engouffrait à ses pieds. Il se releva et se précipita vers la porte du compartiment et se trouvait juste à travers l'ouverture lorsque la porte étanche s'abaissa derrière lui « comme un couteau, » disait-il. « Ils les manœuvrent depuis la passerelle. » Il était allé sur le pont, mais on lui donna l'ordre de redescendre avec les autres et de retirer les feux sous la chaudière, ce qu'ils firent. Puis ils avaient alors la liberté de revenir sur le pont. Il semble que ce groupe de chauffeurs devait avoir eu connaissance presque aussitôt qu'un autre de l'étendu des dégâts. Ce chauffeur ajouta tristement : « Je pourrais faire de la soupe chaude avec ça, maintenant. » Et, en effet, il le pouvait. Il était habillé comme au moment de la collision, c'est-à-dire simplement vêtu d'un pantalon et d'un maillot très mince en raison de la chaleur intense qui régnait dans la soute. Bien qu'il eut ajouté plus tard une veste courte, ses dents claquaient en raison du froid. Il trouva une place pour se coucher sous le timon, sur la petite estrade où se tenait notre capitaine et il gisait là toute la nuit avec un manteau appartenant à un autre chauffeur qui l'avait jeté sur lui. Je pense qu'il était presque inconscient. Une dame, près de lui, qui était chaudement habillée de plusieurs couches de vêtements, insista pour lui en donner un – doublé de fourrure – mais il refusa catégoriquement tandis que d'autres femmes étaient insuffisamment vêtues. Ce vêtement fut donné à une Irlandaise proche, avec de jolis cheveux roux, qui s'était appuyée contre le plat-bord, avec une "couchette extérieure", donc plus exposée à l'air froid. Cette même dame fut en mesure de distribuer d'autres vêtements aux passagers, un petit châle pour un, un boa de fourrure pour un autre, et elle raconta avec amusement qu'au moment de monter le long de la coque du *Carpathia*, ceux à qui elle avait prêté ses affaires lui proposaient de les rendre. Mais, comme le reste d'entre nous, encombrée d'une ceinture de sauvetage, elle dit qu'elle pourrait les recevoir à la fin de son escalade. Je n'avais pas revu ma robe de chambre depuis le moment où j'avais chuté dans le canot, mais durant la nuit, un passager de l'entrepont la trouva sur le plancher du canot et s'en revêtit.

Il n'était pas facile, à ce moment, de se rappeler des personnes présentes à bord de ce canot, car, dans la nuit, il n'était pas possible d'y voir à plus que quelques mètres, et lorsque l'aube se levait, nos regards allaient vers le navire de sauvetage et les icebergs. Mais pour autant que ma mémoire me revienne, la liste est la suivante : aucun passager de première classe, trois femmes, un bébé, deux hommes de deuxième classe et les autres passagers, surtout des femmes, venaient de l'entrepont. Soit un total de trente-cinq passagers. Le reste, environ vingt-cinq (peut-être plus), était composé de membres de l'équipage et des chauffeurs. Près de moi, durant toute la nuit, se trouvait un groupe de trois jeunes suédoises chaudement habillées, qui se tenaient debout les unes contre les autres pour rester au chaud, et très silencieuses. En effet, pendant tout ce temps, il y avait très peu de monde qui parlait. Je pense toutefois qu'une conversation mérite d'être rapportée, une preuve de plus, après tout, que le monde est tout petit. Le bébé de dix mois, qui a été rendu à sa mère au dernier moment, fut recueilli par une dame à côté de moi, la même qui avait partagé ses vêtements. Sa mère avait trouvé une place dans le milieu du canot, mais comme elle était trop serrée, elle n'avait pu venir jusqu'à son enfant. Ce dernier avait dormi avec contentement pendant environ une heure dans les bras d'une inconnue puis il avait commencé à pleurer. La nourrice provisoire demanda :

— Est-ce que vous pouvez vous pencher et regarder si les pieds du bébé sont en dehors de la couverture ? Je n'en connais pas beaucoup sur les bébés, mais je pense que leurs pieds doivent être gardés au chaud.

Me contorsionnant vers le bas comme je le pouvais, je vis que ses orteils étaient à l'air libre et je les enveloppais bien en place. L'enfant cessa à ce moment de pleurer ; c'était, évidemment, un bon diagnostic ! Ayant reconnu la dame par sa voix – il faisait beaucoup trop sombre pour voir les visages – comme étant l'une de mes vis-à-vis à la table du commissaire de bord, je lui demandais :

– Vous êtes certainement Mademoiselle … ?

– Oui, me répondit-elle, et vous devez être Monsieur Beesley ! Comme c'est curieux, nous devions nous retrouver dans le même canot !

Je me souvenais qu'elle avait rejoint le *Titanic* à Queenstown et je lui demandais :

– Connaissez-vous Clonmel ? Une lettre d'un de mes grands amis qui est resté là à … [je donnais l'adresse] est monté à bord, à Queenstown.

– Oui, c'est chez moi. Je dînais à … juste avant que je m'en aille.

Il semble qu'elle connaissait mon ami aussi, et nous avions convenu que, de tous les endroits dans le monde pour reconnaître des amis communs, un canot de sauvetage bondé, flottant au milieu de l'océan à deux heures du matin et à mille deux cents miles de notre destination, était la situation la plus inattendue.

Pendant tout ce temps, ainsi que nous pouvions le voir, le *Titanic* s'enfonçait de plus en plus par l'avant et l'angle devenait plus ouvert, les feux de la poupe s'élevaient et les lumières à l'avant disparaissaient. Il était évident qu'il n'allait pas pouvoir rester à flot plus longtemps. Le chauffeur-capitaine demandait maintenant aux rameurs d'aller aussi loin et fort qu'ils le pouvaient. Deux raisons semblaient être à l'origine de cette sage décision, la première étant que lorsque le navire coulera, il créera une telle vague d'aspiration que les canots, s'ils n'étaient pas aspirés en étant trop proches, seraient en danger de submersion par la vague que le naufrage pourrait créer. Nous savions tous que notre bateau n'était pas en état de supporter de grosses vagues, bondé comme il l'était et doté d'un personnel non formé à l'aviron. La seconde raison était qu'une explosion pouvait résulter de l'eau qui pénétrait dans les chaudières et les débris pouvaient retomber sur un large rayon. Pourtant, comme cela s'avérera, aucune de ces choses n'était arrivée.

Vers deux heures et quart, j'estime que nous étions tous à une distance de un à deux miles. C'est difficile, pour un terrien, d'estimer les distances en mer, mais nous étions à flot depuis une heure et demie, notre bateau était lourdement chargé, les rameurs non qualifiés et notre course erratique, à la poursuite d'une lumière et puis ensuite une autre, parfois une étoile, et parfois une lumière provenant d'un canot de sauvetage à bâbord qui avait tourné loin du *Titanic* dans la direction opposée et qui se trouvait presque sur notre horizon. Nous ne pouvions pas être partis très loin.

À ce moment, l'eau était parvenue à la hauteur des feux de position et la passerelle du capitaine, il semblait que le moment du naufrage n'était qu'une seule question de minutes. Les rameurs se posaient sur les avirons et tous, dans l'embarcation de sauvetage, demeuraient immobiles tandis que, dans un silence absolu, nous regardions le *Titanic,* sauf certains qui ne voulaient pas regarder et cachaient leurs têtes dans les épaules des autres.

Les lumières brillaient encore avec la même intensité, mais il y en avait beaucoup moins. Plusieurs se trouvaient désormais sous la surface de l'eau. Je me suis toujours demandé s'ils ont continué à éclairer les cabines dont les hublots se trouvaient sous l'eau ; sans doute l'ont-ils fait.

Puis, tandis que nous le regardions, stupéfaits, le *Titanic* s'inclina lentement, tournant apparemment sur un centre de gravité placé un peu en arrière du milieu du navire, jusqu'à ce qu'il atteigne une position verticale, debout. Et il restait là, immobile ! Comme il se balançait sur place, ses lumières, qui avaient brillé sans scintillement toute la nuit, disparurent soudainement puis revenaient à nouveau dans un éclat unique, avant de disparaître à tout jamais. Et à cet instant, il y eut un bruit que beaucoup de gens décrivaient – à tort, je pense – comme une explosion. Il semblait bien que ce n'était pas cela, mais les moteurs et les machines qui se déboulonnaient, et des bruits de roulements. Les machines tombaient à travers les compartiments, démolissant tout sur leur passage. C'était tantôt un rugissement, parfois un gémissement, en partie un ébranlement et en partie un fracas, mais non le fracas soudain qu'une explosion pourrait provoquer. Cela dura quelques secondes, peut-être quinze à vingt, tandis que la lourde machinerie chutait vers le bas (la proue) du navire. Je suppose que les machines tombèrent jusqu'au bout et coulèrent avant le navire [1]. Mais ce fut un bruit que personne n'avait jamais entendu auparavant et ne souhaiterait entendre à nouveau. La façon dont ce bruit se propageait au long de l'eau jusqu'à nous était stupéfiante. C'était comme si toutes les choses lourdes étaient précipitées du haut d'une maison, se brisant les unes sur les autres, détruisant les escaliers et tout ce qui se trouvait sur le chemin. Plusieurs témoignages, apparemment authentiques, ont été donnés dans lesquels les histoires définitives d'explosions étaient liées, dans certains cas avec des débris qui sautaient, ou le navire qui se brisait en deux, mais je ne pense pas que ces rapports pourront résister à une analyse approfondie [2]. En premier lieu, comme les feux des chaudières avaient été retirés et la vapeur avait pu s'échapper un peu de temps avant que le *Titanic* ne coule, la possibilité d'une explosion due à cette cause semblait improbable. Puis, comme nous l'avions dit, le bruit n'était pas soudain et définitif, mais il se prolongeait comme le long roulement d'un coup de tonnerre.

Il est probable que ce bruit résultait de la chute des moteurs. En se référant à la figure de la page 38, les machines sont placées dans les compartiments 3, 4 et 5 – le *Titanic* étant incliné vers l'avant, elles se sont retrouvées en hauteur – et elles se seraient certainement détachées de leur base pour tomber en traversant les autres compartiments et ensuite plonger.

Aucun des phénomènes, comme celui représenté dans certains journaux américains et anglais, ne s'est produit, dont celui montrant le navire qui se brisait en deux parties, et les deux extrémités s'élevant au-dessus de la surface [3]. J'ai vu ces dessins en préparation à bord du *Carpathia* et

---

1. À deux mois seulement de la tragédie, il était impossible pour quiconque, même ayant assisté de ses propres yeux à la fin du *Titanic*, de préciser la chronologie exacte des dernières minutes et la façon dont le navire s'était peut-être disloqué avant de disparaître à jamais.

2. Toujours à ce moment, l'auteur ne pouvait avoir de plus amples informations sur les derniers instants. Il était alors à bord d'un canot, à un ou deux miles de distance, en pleine nuit, sans lumière. Il faudra attendre près de soixante-dix ans, avec les explorations sous-marines modernes, pour apprendre et comprendre comment le navire a pu se briser en au moins deux parties. Cette nuit-là, dans la froideur, l'émotion et l'obscurité, il était impossible pour les témoins, d'observer en toute quiétude les terribles événements qui se déroulaient sous leurs yeux.

3. Là aussi, les découvertes récentes peuvent confirmer la thèse de la cassure en deux.

j'avais dit à l'époque qu'ils n'avaient aucune ressemblance avec ce qui s'était réellement passé [1].

Lorsque le bruit cessa, le *Titanic* était toujours dressé sur la mer comme une colonne. On ne voyait que sa poupe surgir à quelque cent cinquante pieds [2], qui se détachait sur le ciel tacheté d'étoiles. Le navire demeura dans cette position pendant quelques minutes, cinq sans doute, mais peut-être moins. Puis, je pensais tout d'abord qu'il reculait un peu sur l'arrière. Il glissait lentement vers l'avant et plongea obliquement. La mer se referma sur lui et ce fut notre ultime regard sur la fin de ce magnifique paquebot, sur lequel nous avions embarqué quatre jours auparavant à Southampton.

À l'emplacement du *Titanic* sur lequel se concentraient tous nos intérêts, et vers lequel nous nous étions penchés la plupart du temps – c'était pour nous encore le seul point fixe sur la mer ; désormais, seul le niveau de la mer s'étirait sur une surface ininterrompue jusqu'à l'horizon. Le canot bougeait doucement, comme avant, sans aucun signe à la surface que les flots venaient juste de se refermer sur le navire le plus merveilleux jamais construit de la main de l'homme. Les étoiles regardaient la même scène et l'air était toujours aussi glacial.

C'est un grand sentiment de solitude d'être abandonné ainsi sur la mer dans un petit canot, sans le *Titanic*. En dehors du froid, nous n'étions pas mal à l'aise et avions la sensation d'être hors de danger, mais le *Titanic* n'était plus là. Nous nous attendions à voir surgir une vague, celle dont l'équipage nous avait tellement parlé, qui pouvait, selon lui, parcourir des miles. Mais elle n'était jamais venue. Bien que le *Titanic*

La partie avant se serait enfoncée en premier tandis que la poupe serait demeurée à la surface quelques courtes minutes avant de sombrer à son tour. Cette poupe, d'abord redressée presque à la verticale tandis qu'elle était encore solidaire du navire, se serait cassée en raison de son propre poids (partie supportant les trois hélices) pour retomber à l'horizontale, avant de se redresser définitivement et disparaître en quelques minutes, emportant avec elle les nombreuses personnes qui avaient trouvé un ultime refuge sur le pont arrière. Cette cassure peut aisément s'expliquer par le fait que la structure même du navire n'a jamais été étudiée pour supporter une telle position et qu'elle s'était pliée jusqu'à rompre et se désolidariser de la partie avant qui s'enfonça aussitôt. C'est cette version des faits qui a été retenue dans le célèbre film de James Cameron, *Titanic,* en 1998.

1. N'oublions pas que l'auteur assistait à la disparition du *Titanic* depuis un canot qui se trouvait à un ou deux miles de distance, dans l'obscurité totale.

2. Environ 46 mètres.

ne nous ait légué aucun signe, comme cette vague lorsqu'il partit vers le fond, il nous laissa quelque chose que nous aimerions bien oublier à jamais, une chose dont il est bien de ne pas laisser l'imagination s'attarder dessus : les cris de plusieurs centaines de nos compagnons de voyage qui se débattaient dans l'eau glacée.

J'aurais volontiers voulu omettre toutes autres mentions de cet épisode de la catastrophe dans ce livre, mais, pour deux raisons, cela n'a pas été possible de le faire. D'abord, pour une raison historique, cela devait être consigné et, ensuite, ces cris étaient non seulement un appel au secours, dans des conditions terribles dans lesquelles les naufragés s'étaient retrouvés, un appel qui ne pourrait jamais recevoir de réponse, un appel lancé au monde entier aussi, pour faire en sorte que de telles conditions de danger et de désespoir soient à jamais impossibles, un cri qui appelait vers le ciel, sur la grande injustice de sa propre existence, un cri qui clamait pour sa propre destruction.

Nous étions totalement abasourdis d'entendre ces cris monter tandis que les flots se refermaient sur le *Titanic*. Pendant que nous quittions le navire, nous n'avions entendu aucune sorte de bruits et, comme mentionné auparavant, nous ne connaissions pas le nombre de canots ou de radeaux disponibles à bord. Peut-être que les membres de l'équipage le savaient, mais cela était peu probable ; et si tel était le cas, jamais ils ne l'avaient dit aux passagers. Nous n'aurions pas été surpris d'apprendre que, finalement, tout le monde s'était retrouvé sur quelques dispositifs de sauvetage, sain et sauf.

Nous n'étions pas préparés à une telle situation ; atterrés par les cris de ceux qui se noyaient sur la mer calme, nous voulions aller vers eux pour tenter d'en sauver au moins quelques-uns, mais c'était impossible, nous le savions. Notre bateau était plein jusqu'aux places debout, et revenir signifiait la submersion de nous tous. Notre chauffeur-capitaine commandait alors à l'équipage de naviguer pour nous éloigner des cris. Nous avions essayé de chanter pour éviter de penser à eux, mais nous n'avions pas le cœur à le faire, dans le bateau, à ce moment-là.

Les cris, forts et nombreux au début, s'éteignaient progressivement, un à un. La nuit était claire, toujours aussi glaciale, l'eau douce ; les sons devaient courir sur cette surface libre de toute obstruction sur des miles, ils devaient certainement aller beaucoup plus loin que là où nous étions, dans ce canot. Le dernier d'entre eux devait avoir été entendu près de quarante minutes après le naufrage du *Titanic*. Les gilets de sauvetage auraient pu garder les survivants à flot pendant des heures, mais l'eau froide avait arrêté les cris.

Une volonté profonde devait certainement parvenir à tous ceux qui étaient en sécurité à bord des canots de sauvetage, éparpillés autour des noyés à des distances différentes, la volonté que s'ils pouvaient faire quelque chose à l'avenir pour éviter que de tels cris se répètent, ils le feraient, qu'importe le temps nécessaire, ou toutes autres considérations. Non seulement envers ceux dont ces cris furent des appels impératifs, mais aussi envers chaque femme et chaque homme qui a connu l'un d'eux. Jamais il ne doit être possible que de telles conditions puissent à nouveau exister, c'est un devoir impératif de la part de nous tous et à chacun de voir qu'il ne le fait pas. Pensez-y ! Quelques canots de plus, quelques planches de bois clouées ensemble d'une manière particulière, à un coût modique, et tous ces hommes et ces femmes – que le monde peut donc se permettre de perdre – seraient encore avec nous aujourd'hui. Il n'y aurait pas de deuils dans des milliers de foyers aujourd'hui désolés, et ces mots n'auraient pas besoin d'être écrits.

———————

Un canot "pliable", avec ses bords en toile.

CHAPITRE V

_____

LE SAUVETAGE

Tous les témoignages concordent pour dire que le *Titanic* a sombré vers deux heures vingt. Peu après, dans notre bateau, une montre indiquait deux heures trente. Nous avions ensuite été en contact avec trois autres bateaux, l'un sur notre tribord, le numéro 15, et j'ai toujours supposé que les autres étaient le 9 et le 11, mais je ne le sais pas vraiment. Nous n'avions jamais eu de contacts rapprochés les uns avec les autres, mais nous nous appelions occasionnellement à travers l'obscurité. Je les voyais surgir à proximité puis repartir au loin. Nous appelions pour savoir si un officier se trouvait à bord des trois autres, mais ce ne fut pas le cas. Donc, en l'absence de tout plan d'action, nous naviguions lentement en avant – ou ce que nous pensions être l'avant, car c'était dans la direction vers laquelle la proue du *Titanic* se dirigeait avant qu'il ne coule. Je comprends maintenant que nous allions au nord-ouest, car nous vîmes à ce moment des aurores boréales à tribord, et également, lorsque le *Carpathia* était venu du sud, nous l'avions vu venir par derrière nous, vers le sud-est, et nous avions ensuite viré de cap pour nous diriger vers lui.

J'imagine que les canots s'étaient d'eux-mêmes répartis en éventail sur l'océan lorsqu'ils se sont éloignés du *Titanic*. Ceux qui se trouvaient à l'avant, à tribord et à bâbord, étaient presque devant lui, les bateaux de la poupe étant sur ses côtés, ce qui explique pourquoi les bateaux du côté bâbord mirent beaucoup plus de temps à rejoindre le *Carpathia*, aussi tardivement que huit heures trente, tandis que les bateaux de tribord étaient venus vers quatre heures dix. Certains bateaux bâbord avaient navigué à travers l'emplacement où le *Titanic* avait sombré pour rejoindre le *Carpathia* parmi les débris de chaises et d'épaves de toutes sortes.

Aucun des trois autres canots proches de nous n'avait de lumière, et nous en avions vraiment besoin. On ne pouvait pas se voir dans l'obscurité ni faire de signaux aux navires qui pouvaient se précipiter à pleine vitesse de n'importe où pour venir sauver le *Titanic*. Nous avions vécu tellement de choses qu'il nous semblait difficile d'avoir à affronter un danger supplémentaire comme celui de se trouver en travers de la route d'un navire venant à notre secours.

Nous cherchions à nouveau la lanterne qui pourrait être rangée à nos pieds, le long des bordages et, cette fois-ci, je réussissais à atteindre le casier situé sous la plate-forme de la barre. Je l'ouvrais en retirant le panneau de devant pour ne trouver là qu'un caisson étanche en zinc, destiné à rendre le canot insubmersible s'il venait à chavirer. Je ne pense pas qu'il y avait une lanterne dans ce canot. Nous pensions aussi avoir de la nourriture et de l'eau, mais nous n'avions rien trouvé. La conclusion venait que rien n'avait été mis, mais là, nous avions tort. J'ai une lettre de l'officier en second, M. Lightoller, dans laquelle il m'assure que lui et le quatrième officier, M. Pitman, avaient examiné chaque canot de sauvetage du *Titanic* lorsqu'ils étaient sur le pont du *Carpathia*, et que dans chacun d'eux se trouvaient des biscuits et de l'eau.

Au moment du naufrage durant la nuit, tous ne voulions pas d'aliments ou de l'eau, mais nous pensions au temps qui pourrait s'écouler avant que l'*Olympic* ne vienne nous chercher, peut-être dans l'après-midi.

Vers trois heures, nous apercevions une lueur dans le ciel, vers l'avant sur le bord tribord. Nous pensions aux premières lueurs de l'aube à venir. Sans être certains de l'heure, nous étions sans doute trop pressés d'accepter, trop facilement, le moindre soulagement de l'obscurité – seulement trop heureux de pouvoir regarder nos visages et de savoir qui étaient nos compagnons d'infortune ; aussi d'être libérés du risque de nous trouver dans le passage d'un steamer invisible dans l'obscurité. Mais nous étions condamnés à la déception. La douce lumière s'accrut un instant puis s'éteignit un peu ; elle brillait encore et demeura immobile pendant quelques minutes. « Une aurore boréale ! » me disais-je soudainement. À ce moment, la lumière formait un arc en éventail dans le ciel du nord, avec des banderoles fines qui rejoignaient l'étoile Polaire. J'en avais vu une, d'à peu près la même intensité, en Angleterre, il y a quelques années et je m'en souvenais encore. Un soupir de déception passa dans le bateau lorsque nous avions réalisé que ce n'était pas encore le jour, mais nous savions que quelque chose de plus rassurant que le jour était en nous.

Toute la nuit, nous observions l'horizon avec des yeux avides d'apercevoir les signaux d'un steamer. Nous entendions le chauffeur-capitaine nous dire que la première apparition d'une lumière à l'horizon pourrait être celle du feu de mât, suivie peu après par une seconde, plus faible vers le bas, sur le pont. Si ces deux feux restaient en alignement vertical et la distance entre les deux augmentait, alors ces lumières se rapprocheraient et nous pouvions être certains qu'il s'agirait d'un navire. Mais quelle nuit passée à espérer cette première lumière à l'horizon ! Nous avions vu de nombreuses fois la terre tourner : quelques étoiles s'élevaient au-dessus de l'horizon clair tandis que d'autres disparaissaient. Il y avait des *lumières* de toutes parts. Nous en regardions certaines et les suivions jusqu'à en être déçus, et nous devenions plus sages. Certaines étaient les lumières venant de nos bateaux, ceux qui avaient été assez chanceux pour avoir des lanternes, mais elles étaient facilement détectables, car elles grandissaient et diminuaient à une proche distance. Une fois, elles avaient soulevé nos espoirs pour les réduire aussitôt à néant. Près de ce qui nous semblait être l'horizon, sur le côté bâbord, nous avions vu deux lumières rapprochées et je pensais que ce devait être notre *double lumière*, mais en regardant les miles qui nous séparaient, elles s'éloignaient lentement et nous réalisions que c'étaient, peut-être, des lanternes sur deux bateaux situés à différentes distances de nous, en ligne l'un derrière l'autre. C'étaient probablement les canots du côté bâbord avant qui auraient à revenir sur de nombreux miles le lendemain matin, en passant par-dessus le cimetière du *Titanic*.

Malgré ces espoirs et ces déceptions, l'absence de feux, de nourriture et d'eau (comme nous le pensions) et le froid, il n'aurait pas été correct de dire que, dans ces premières heures du matin, nous étions malheureux. Le froid, qui s'installait sur nous comme un manteau nous envelopperait, était notre seul véritable inconfort. Nous pouvions nous en préserver si on n'y pensait pas trop, mais aussi bien par de vigoureuses frictions et en tapant doucement des pieds sur le plancher (cela aurait fait trop de bruit si nous avions tapé fort !) Je n'ai jamais entendu dire qu'une personne, dans l'un des canots, avait eu des séquelles dues au froid, même si le chauffeur – celui qui était si légèrement vêtu – n'était pas venu sans aucun dommage à bord du *Carpathia*. Après tout, il y avait tant de choses pour lesquelles nous devions être reconnaissants que les désagréments temporaires du froid étaient insignifiants : le bateau bondé, les ténèbres et tout ce qui, d'une manière ordinaire, serait considéré comme désagréable. La mer calme, la belle nuit (quelle différence deux nuits plus tard, lorsque les éclairs et le tonnerre allaient briser le sommeil d'un grand nombre à bord du *Carpathia*), et surtout, le fait d'être dans un bateau alors que tant de nos compagnons de voyage et membres de l'équipage – ceux dont les cris ne gémissaient plus à travers l'eau vers nous – étaient silencieux. La gratitude, alors, était la note dominante de nos sentiments. Mais, reconnaissants comme nous pouvions l'être, cette gratitude allait rapidement augmenter au centuple.

Vers trois heures trente, autant que je pusse l'estimer, quelqu'un, à la proue, attira notre attention sur une légère lueur, lointaine, vers le sud-est. Nous nous retournions rapidement pour regarder et là, certainement, c'était un mouvement comme celui de l'éclair lointain du projecteur d'un navire de guerre, suivi d'un *boom* faible semblable à celui d'un canon, à une distance éloignée ; la lumière s'éteignit à nouveau. Le chauffeur, qui était resté toute la nuit sous la barre, s'assit soudainement comme s'il sortait d'un rêve, le pardessus accroché à ses épaules. Je pouvais le voir maintenant regarder vers la mer là d'où le bruit était venu, et l'entendre crier : « Un canon ! » Ce n'était pas ça, mais les fusées du *Carpathia*, mais nous le saurons plus tard. Cependant, nous savions qu'un navire était là, pas loin, qui venait à notre aide et nous envoyait des signaux préliminaires pour réchauffer nos cœurs jusqu'à ce qu'il arrive.

Tous nos sens étaient en alerte, nos yeux fixaient l'horizon et les oreilles ouvertes au moindre bruit. Dans la nuit calme, nous attendions dans un silence absolu. Puis, glissant vers l'endroit où, sur la mer, l'éclair était apparu, nous vîmes une lumière unique suivie, bientôt, d'une seconde, en dessous. Et en quelques minutes, elles étaient bien au-dessus de l'horizon et restaient en ligne ! Mais comme nous nous étions trompés avant, nous attendions un peu plus longtemps avant de nous permettre de dire que nous étions en sécurité. Les lumières se mettaient en place rapidement, si rapidement qu'il semblait n'y avoir eu que quelques minutes (même si ce fut plus long) entre la première et de les voir bien alignées au-dessus de l'horizon, puis foncer rapidement sur nous. Nous ne savions quel genre de navire venait, mais nous savions qu'il arrivait rapidement. Nous cherchions du papier, des chiffons ou tout ce qui pouvait brûler, nos manteaux si nécessaire. Une torche de papier fût hâtivement dressée avec des lettres trouvées dans la poche de quelqu'un, elle fut allumée et tenue en l'air par le chauffeur-capitaine qui se tenait debout sur la plate-forme de la barre. La petite lumière brillait et scintillait sur les visages des occupants de l'embarcation, elle se reflétait en pointillés sur la mer d'huile, noire, sur laquelle pour la première fois j'avais vu la présence de cette chose terrible qui avait provoqué la catastrophe : la glace. Elle était en petits morceaux, de la taille du poing et dansait sur l'eau, inoffensive. Notre lumière vacilla loin dans l'obscurité tandis que le chauffeur jeta les restes de papiers qui brûlaient par-dessus bord. Mais si nous l'avions connu, le danger d'être écrasé était enfin écarté, l'une des raisons étant que le *Carpathia* avait déjà vu l'embarcation qui, toute la nuit, avait montré un feu vert : c'était la première indication qu'il avait eue de notre position. La vraie raison, cependant, se trouve dans le journal de bord du *Carpathia* :

"Nous sommes allés à toute vitesse pendant la nuit ; arrêté à quatre heures avec un iceberg droit devant."

C'était une bonne raison !

Grâce à notre torche qui brûlait à nouveau dans l'obscurité, nous avions vu les feux d'arrêt et je compris que les secours allaient nous recueillir. Un soupir de soulagement montait, lorsque nous avions réalisé qu'une bousculade précipitée pour s'écarter de son chemin – avec le risque d'être juste manqué par lui, et d'avoir à essuyer le bouillonnement que ses hélices lanceraient sur nous – était évitée. Nous attendions et, lentement, il virait : un grand steamer avec tous les hublots illuminés se révélait à nous. Je pense que la manière dont ces lumières s'étaient lentement dévoilées fut l'une des choses les plus merveilleuses que jamais nous ne reverrons. Cela signifiait notre délivrance, c'était pour nous tous la chose la plus merveilleuse. Nous pensions que le sauvetage ne pourrait se faire que dans l'après-midi, et maintenant, seulement quelques heures après le naufrage du *Titanic*, avant que le jour ne se lève, nous allions être pris à bord. Cela paraissait trop beau pour être vrai et je pense que tous avaient les yeux remplis de larmes – les hommes aussi bien que les femmes – quand ils virent à nouveau les lignes de lumières briller les unes au-dessus de des autres et venir à eux par delà la mer. Un « Dieu merci ! » a été murmuré du fond du cœur dans le canot.

Le canot fit demi-tour et notre équipage commençait sa longue traversée vers le steamer. Le capitaine, en proposant de chanter, entonna : *"Nagez jusqu'au rivage, les garçons !"* et les passagers le rejoignaient. Mais je pense qu'un seul verset fut chanté. C'était trop tôt encore, la gratitude était trop profonde et trop soudaine, dans son écrasante intensité, pour que nous chantions avec rigueur. À ce moment, trouver le chant ne passait pas bien, nous tentions une acclamation et cela nous allait mieux. Il était plus facile de soulager nos sentiments par du bruit, le moment et le chant n'étaient pas les ingrédients nécessaires à une acclamation.

Parmi notre reconnaissance pour la délivrance, un nom fut mentionné avec le plus profond sentiment de gratitude : celui de Marconi. J'aurais souhaité qu'il soit là pour entendre le chœur de bénédiction qui allait vers lui, pour l'invention merveilleuse qui nous épargnait de nombreuses heures, voire plusieurs jours, d'errance sur la mer, dans la faim, la tempête et le froid. Peut-être notre gratitude a été suffisamment intense et vive envers Marconi durant cette nuit.

Tout autour, nous voyions les canots converger vers le *Carpathia* et nous entendions des cris et des acclamations. Notre équipage ramait dur, dans une rivalité amicale avec d'autres canots pour être parmi les premiers *"à la maison"*. Mais nous étions en huitième ou neuvième position. Nous étions lourdement chargés et un énorme iceberg se trouvait sur notre route. Et, pour compléter tout à fait notre bonheur, l'aube arrivait. Tout d'abord un beau et calme miroitement sur l'eau, s'élevant loin à l'est. Puis ce fut une douce lueur dorée qui se glissait furtivement par derrière la ligne d'horizon comme si elle essayait de ne pas de faire remarquer tandis qu'elle survolait la mer. Elle se répandait silencieusement dans toutes les directions, si doucement, comme pour nous faire croire qu'elle avait été là tout le temps et que nous ne l'avions pas observée. Ensuite, le ciel rosissait légèrement et dans la distance la plus légère, des nuages laineux s'étiraient en de minces bandes vers l'horizon qui se fermait sur eux. À chaque instant, le ciel devenait de plus en plus rose. Ensuite, les étoiles s'éteignaient lentement, sauf une qui restait longtemps après les autres, juste au-dessus de l'horizon. Près d'elle, avec le croissant tourné vers le nord et sa corne inférieure qui touchait juste l'horizon, était la plus fine et la plus pâle des lunes.

L'aube s'accompagnait d'une brise d'ouest, légère, premier souffle de vent que nous avions senti depuis que le *Titanic* avait arrêté ses moteurs. Anticipant de quelques heures – le jour se levait vers huit heures, quand les derniers bateaux étaient arrivés – cette brise se muait en un vent frais qui battait la mer, de sorte que dans le dernier canot bien chargé et agité par les vagues, les passagers avaient connu quelques moments d'angoisse, avant de pouvoir rejoindre le *Carpathia*. Un officier avait remarqué qu'un des bateaux n'aurait pas pu rester à flot une heure de plus si le vent avait tenu assez longtemps.

Le capitaine cria à l'attention des hommes de l'équipage tandis qu'ils tiraient sur les avirons, deux pour la traction et un autre assis en face d'eux, qui poussait pour essayer de suivre le rythme des autres canots : « Une nouvelle lune ! Donnez votre argent, les gars ! C'est comme ça, si vous en avez ! » Nous rigolions de cette superstition pittoresque lancée à un tel moment, et c'était bon de rire à nouveau. Mais il se montra incrédule à propos d'une autre superstition lorsqu'il ajouta : « Eh bien, je ne dirais plus que le 13 est un nombre malchanceux. Le bateau 13 est le meilleur ami que nous ayons jamais eu ! » S'il y avait parmi nous quelques-uns qui craignaient des événements liés au numéro treize, et certainement qu'ils y en avaient qui adhéraient à cette croyance, jamais plus ils n'attacheront d'importance à une telle stupidité. Peut-être cette croyance, elle-même, va subir un choc lorsqu'on se souviendra que le canot n° 13 du *Titanic* transportait une pleine charge à partir du navire en perdition, et que toute la nuit il emportait ses passagers dans un tel confort que ces derniers n'avaient même pas reçu une seule goutte d'eau sur eux, et qu'il les avait débarqués en toute sécurité sur le *Carpathia*, à bord duquel ils étaient montés sans un seul incident. Il serait presque tentant pour quelqu'un, désormais, d'être le treizième à table ou de choisir une maison au numéro 13, sans crainte d'affronter un ricanement à sa face, de ce qui serait appelé avec humour *Providence*[1].

Tournant nos regards vers le *Carpathia*, nous apercevions, malgré la faible lumière, ce qui nous semblait être deux grands voiliers, toutes voiles dehors, se tenant près de lui vers l'horizon. Sans doute étaient-ce des bateaux de pêche venant des rives de Terre-Neuve et qui avaient vu le *Carpathia* à l'arrêt ; ils attendaient de voir s'il voulait de l'aide de quelque sorte que ce soit. Mais, quelques minutes après, la lumière se mit à briller sur eux, révélant d'immenses icebergs qui se dressaient d'une manière qui suggérait, à première vue, des silhouettes de navires. Lorsque le soleil s'élevait, ces blocs devenaient roses, sinistres, ressemblants à d'imposants sommets enneigés, robustes rochers dans la mer et terribles comme le fut celui qui avait causé le désastre. Ils étaient d'une beauté effroyable qui ne pouvait pas être négligée. Plus tard, lorsque le soleil se plaça au-dessus de l'horizon, ils étincelaient et brillaient. Mortelle blancheur, comme de la neige gelée plutôt que de la glace translucide.

Tandis que l'aurore se levait sur nous, un autre iceberg apparaissait presque en ligne directe entre notre bateau et le *Carpathia*. Quelques minutes plus tard, encore un autre, côté bâbord, et plusieurs à nouveau, sur l'horizon sud et ouest, aussi loin que notre regard pût porter. Ils étaient tous différents dans les formes, les tailles et les tons de couleurs, selon que le soleil brillait à travers eux, directement ou obliquement.

Nous attirions l'attention sur notre sauveteur et, à ce moment, nous pouvions discerner les bandes sur sa cheminée[2], par lesquelles l'équipage pouvait nous dire s'il s'agissait d'un navire de la Cunard ; déjà, quelques canots étaient à ses côtés et des passagers montaient aux échelles. Nous devions contourner l'iceberg en faisant un large détour par le sud. Nous savions qu'une grande partie était immergée, pouvant dissimuler des replats, même si cela était peu probable, mais nous n'étions pas enclins à prendre des risques pour le bénéfice de quelques minutes de plus, lorsque la sécurité était si proche. Une fois dégagés de l'iceberg, nous pouvions

---

1. La superstition liée au nombre *13* est très forte aux États-Unis.
2. Chaque compagnie maritime se distingue par des bandes de couleur sur les cheminées, ce qui permet de la reconnaître.

lire le nom du navire : *Carpathia*, un nom que nous étions susceptibles de ne jamais oublier.

Nous le reverrons peut-être parfois dans les listes des navires, comme je l'avais déjà fait une fois lorsqu'il avait quitté Gênes pour son voyage de retour. La façon dont ses feux étaient apparus sur l'horizon dans l'obscurité, la manière dont il se balançait et dévoilait ses hublots éclairés, et l'instant où nous vîmes son nom sur son côté, tout cela reviendra en un éclair, nous vivrons à nouveau la scène du sauvetage et nous sentirons le même frisson de gratitude pour tout ce qu'il nous a apporté cette nuit-là.

Nous ramions jusqu'à quatre heures trente environ, et nous nous mettions à l'abri de la houle en nous plaçant sur le côté bâbord, tenu par deux cordages, l'un à la poupe, l'autre à la proue. Les femmes montèrent les premières en escaladant les échelles de corde avec un nœud coulant autour de leurs épaules pour les aider dans leur ascension le long de la coque. Les hommes se bousculèrent ensuite, et l'équipage fut le dernier à monter. Le bébé fut mis dans un sac avec l'ouverture ligotée. Il s'était bien porté pendant tout ce temps et n'avait jamais subi de mauvais effets de son voyage dans la nuit froide. Nous posions le pied sur le pont avec un cœur très reconnaissant, reconnaissant au-delà de l'expression possible, adéquate, avec le fait de sentir sous nos pieds un navire solide, une fois de plus.

Une séparation douloureuse.
Illustration de 1912.

CHAPITRE VI

LE NAUFRAGE DU TITANIC VU DU PONT

Les deux précédents chapitres ont été, dans une large mesure, le récit d'un témoin unique et le compte-rendu du sauvetage, vu d'un seul navire, le *Titanic*. Il sera bien de revenir sur le *Titanic* et de reconstruire une relation plus générale et plus complète des épreuves vécues par beaucoup de gens, depuis les différentes parties du navire. Une part considérable de ces expériences a été relatée de première main par les survivants, à la fois à bord du *Carpathia* mais aussi un peu plus tard. Quelques-unes de ces relations sont dérivées de sources qui, certainement, sont aussi précises que les informations de première main. D'autres rapports, qui paraissaient fondés à première vue sur le témoignage de témoins oculaires, ont, lors de leur examen, été rejetés, car ils étaient passés par plusieurs mains. Des témoignages, même de témoins oculaires, ont été exclus lorsqu'ils ne semblaient pas être en accord avec la preuve directe d'un certain nombre d'autres témoins ou, avec ce jugement raisonné, considéré comme *probable* au vu des circonstances. Dans cette catégorie se retrouvent les rapports sur les explosions avant le naufrage du *Titanic*, la rupture du navire en deux parties, ou le suicide d'officiers. Il serait bien de noter ici que le *Titanic* suivait sa route normale, dite « du sud », et dans la position que la prudence dicte lorsqu'un danger peut exister, dans les conditions ordinaires de cette époque de l'année. À proprement parler, le *Titanic* se trouvait à seize miles au sud de la route régulière qui est suivie en été, de janvier à août. Peut-être que l'histoire réelle de la catastrophe devrait débuter dès l'après-midi du dimanche, lorsque le *Titanic* reçut des télégrammes Marconi venant de navires en avant de lui pour l'avertir de la présence d'icebergs. Liée à ceci, la chute notable des températures, que nous avions tous constatée dans l'après-midi de cette journée et la soirée, doit être prise en compte, ainsi que la très basse température de l'eau. Tous ces éléments indiquaient que nous étions, sans l'ombre d'un doute, à proximité d'une région d'icebergs, et la condamnation la plus sévère a été mise sur la tête des officiers et du capitaine, qui n'avaient pas prêté attention à ces conditions climatiques ; mais, ici, la prudence est nécessaire. Il n'y a guère de doutes, désormais, que les basses températures observées pouvaient être attribuées aux icebergs ainsi qu'aux champs de glace que nous avions rencontrés par la suite. Mais des marins expérimentés savent que cela pourrait être ainsi, sans que des icebergs soient à proximité. Le courant froid du Labrador balaye les rivages de Terre-Neuve en travers de la route qu'empruntent les paquebots de l'Atlantique, mais il ne charrie pas forcément d'iceberg ; les vents froids qui soufflent du Groenland et du Labrador n'entraînent pas toujours d'icebergs et de champs de glace. Ainsi, la chute des températures de l'air et de la mer ne constitue pas la preuve *prima facie* d'une proximité des icebergs. D'autre part, un simple iceberg séparé de ses compagnons par de nombreux miles pourrait couler un navire, mais il ne pourrait pas, à lui seul, provoquer la baisse des températures de l'air ou de l'eau. Puis, comme le courant du Labrador rencontre celui du Gulf Stream, chaud, qui coule depuis le golfe du Mexique à travers l'Europe, ils ne se mêlent pas nécessairement et ne courent pas toujours côte à côte ou l'un sur l'autre ; ils sont souvent entrelacés comme les doigts des deux mains. Tandis qu'un navire navigue dans cette région, le thermomètre peut enregistrer sur quelques miles des températures variant de 34°, 58°, 35°, 59°,[1] et ainsi de suite. Il n'est donc pas étonnant que les marins se fient peu sur les conditions de température pour estimer les probabilités de rencontrer de la glace sur leur route. Un marin expérimenté m'a dit que rien n'était plus difficile à diagnostiquer que la présence d'icebergs ; une solide confirmation de ces propos se retrouve dans les *Instructions nautiques* officielles, délivrées par le Service hydrographique de l'Amirauté britannique : « *Il ne peut y avoir aucune dépendance sur un avertissement donné à un marin à propos de la chute des températures, de la mer ou de l'air, qu'il approche de la glace. Cette diminution des températures a parfois été enregistrée, mais le plus souvent, elle n'a pas été observée.* »

---

1. En degrés Fahrenheit, soit approximativement 2, 14, 3 et 15 degrés Celsius.

Mais la notification, par les télégrammes Marconi, sur l'emplacement exact des icebergs, est une question largement différente. Je me souviens, avec un profond ressentiment, de l'effet que cette information a eu sur nous en premier lieu, lorsqu'elle fut connue de tous à bord du *Carpathia*. Les rumeurs à ce sujet firent le tour du navire le mercredi matin et furent clairement définies dans l'après-midi. Elles furent confirmées lorsqu'un des officiers du *Titanic* avait admis la vérité, en réponse à une question directe.

Je n'oublierais jamais le sentiment de désespoir d'un certain nombre d'entre nous lorsque nous avions eu la connaissance précise de ces messages d'avertissements. À ce moment, nous supposions qu'il n'y avait pas d'accident inévitable, mais, soudainement, nous étions plongés au cœur d'une zone où les icebergs abondaient, ce qu'aucun matelot, pourtant qualifié comme un marin aurait dû l'être, ne pouvait éviter ! Le beau *Titanic*, trop profondément meurtri pour se rétablir ; les cris dans la noyade résonnant encore dans nos oreilles, et les milliers de foyers qui pleurent toutes ces calamités, autant de faits qui ne devraient jamais avoir existé ! Il n'est pas exagéré de dire que ceux qui sont passés par toutes les épreuves de la collision et du sauvetage, ainsi que les scènes ultérieures sur les quais de New York avec à peine un frisson, étaient assez désespérés par cette connaissance et se détournèrent, incapables de parler. Pour ma part, je l'ai fait et je sais que d'autres m'ont dit qu'ils étaient pareillement affectés.

Cependant, je pense que nous sommes tous venus à modifier notre opinion à ce sujet, lorsque nous en avions appris davantage sur les conditions générales qui régissaient les services des navires transatlantiques. La discussion, quant à savoir qui était responsable de ces avertissements, fut ignorée, sans doute pour mieux être reportées à un chapitre suivant. L'un de ces avertissements fut remis à M. Ismay par le capitaine Smith, à dix-sept heures puis retourné à la requête de ce dernier à dix-neuf heures, pour être éventuellement porté à l'information des officiers. La nature de ces messages était de les mettre en garde et de mettre en place une surveillance spéciale pour la glace. L'officier en second, M. Lightoller, le fit jusqu'à ce qu'il soit relevé vers vingt-deux heures par M. Murdock, premier officier, à qui il avait remis les instructions. Durant la veille de

M. Lightoller, vers vingt et une heures, le capitaine l'avait rejoint sur le pont et ils ont discuté : « … le moment où nous pourrions arriver à proximité des glaces et comment nous pourrions les reconnaître si nous devions les voir, et rafraîchir nos esprits sur l'indication que la glace nous donne quand elle est dans le voisinage. » Apparemment aussi, les officiers avaient discuté entre eux de cette proximité, et M. Lightoller avait remarqué qu'ils pourraient s'approcher de la position où les glaces ont été signalées durant sa veille. Les vigies reçurent une mise en garde similaire, mais aucune glace n'était visible jusqu'à quelques minutes avant la collision, lorsque le guetteur aperçut l'iceberg et sonna la cloche trois fois, le signal habituel de la vigie lorsque quelque chose est aperçu juste droit devant.

Par téléphone, la vigie avait signalé à la passerelle la présence d'un iceberg, mais Monsieur Murdock avait déjà ordonné au quartier-maître Hichens de tourner la barre vers la gauche, et le navire commença lentement à s'écarter de l'iceberg. Mais c'était trop tard ; à la vitesse à laquelle le navire avançait, il y avait peu d'espoir de mettre hors de danger l'immense *Titanic*, long d'un sixième de mile [1]. Même si l'iceberg n'était qu'à moitié visible à un mile de là, il était fort probable que certaines parties de ce navire extraordinairement long ne soient pas touchées, et la vigie avait peu de chance de l'apercevoir dans les conditions qui existaient cette nuit-là, même avec des lunettes.

La glace était plus difficile à détecter en raison de la douceur extrême de l'eau. Dans des conditions ordinaires, les vagues qui se brisent sur la base d'un iceberg l'entourent d'un cercle de mousse blanche visible à une certaine distance, bien avant l'iceberg lui-même ; mais cette nuit-là, autour du monstre meurtrier, c'était une mer d'huile qui bougeait à peine, tout en douceur, ne donnant ainsi aucune indication de sa présence. Il semble d'ailleurs que le nid de pie de la vigie ne soit pas le

---

1. Un navire de cette taille ne répond pas immédiatement à la manœuvre exercée sur le gouvernail, il lui faut plusieurs centaines de mètres avant que le mouvement effectué à la barre, depuis la passerelle, soit effectivement répercuté sur la marche. De plus, une polémique avait surgi un temps sur le fait que le gouvernail du *Titanic* était trop petit par rapport à la taille du navire, ou même que le capitaine Smith, pourtant expérimenté, n'avait pas encore bien en main les réactions plutôt lentes de son nouveau paquebot. De toute façon, que cela soit vrai ou non, le fait que l'iceberg avait été aperçu trop tard, faute de pouvoir le repérer, aucune manœuvre salutaire n'aurait permis d'éviter la catastrophe.

meilleur endroit duquel on puisse détecter les icebergs. Il est proverbial que ces derniers adoptent, dans une large mesure, la couleur de leur environnement et, vu en hauteur, à un angle élevé, dans l'obscurité, sans la mer qui mousse autour, l'iceberg devait être presque invisible jusqu'à ce que le *Titanic* soit proche de lui. J'ai été frappé par une remarque de Sir Ernest Shackleton[1], sur sa méthode de détection des icebergs, en plaçant un guetteur aussi bas que possible près de la ligne de flottaison. Nous nous souvenions comment nous avions vu le *Titanic* avec toutes ses lumières, *dressé comme un énorme doigt noir,* ainsi que le déclarait un observateur, qui le voyait seulement parce qu'*il apparaissait en noir, se détachant du ciel étoilé derrière lui.* J'ai vu une fois à quel point le ciel était meilleur que la mer noire pour voir apparaître la masse d'un iceberg. Et si, en quelques instants, le *Titanic* avait couru obliquement sur la montagne, avec un choc qui fut étonnamment léger – tellement léger que beaucoup de passagers ne l'avaient pas ressenti – la partie immergée de l'iceberg avait découpé la coque côté tribord, sur la partie la plus vulnérable de son anatomie : la cale.

Les récits les plus authentiques expliquent que la *plaie* commençait à l'emplacement du mât de misaine[2] et se prolongeait loin vers la poupe ; le choc fut encaissé par les plaques avant, qui étaient soit percées à travers le double fond directement par le coup, soit seulement à travers une "peau" et en faisant ainsi, arracha quelques-unes des plaques internes. Le fait que le *Titanic* s'était enfoncé par l'avant indique que, probablement, seules les plaques avant étaient doublement enfoncées, celles de la poupe n'étant ouvertes seulement qu'à travers la peau extérieure. Après la collision, M. Murdock avait à la fois inversé la course des moteurs et amené le navire à l'arrêt, mais l'iceberg flottait loin à l'arrière. Le choc, bien que faiblement ressenti par la masse énorme du navire, a été suffisant pour arracher une grande quantité de glace à l'iceberg, le pont du gaillard d'avant se retrouva recouvert de morceaux de glace. Sentant le choc, le capitaine Smith se précipita hors de sa cabine pour aller sur le pont, et en réponse à sa requête anxieuse, Murdock lui dit qu'ils avaient

---

1. Explorateur anglo-irlandais (1874-1922). Il est l'un des pionniers de l'exploration en Antarctique.
2. Le mât à l'avant du navire.

heurté la glace et que les portes étanches avaient été instantanément fermées. Les officiers, réveillés par la collision, se rendirent sur le pont pour certains, tandis que d'autres, ne saisissant pas l'ampleur des dégâts, ne voyaient aucune nécessité de le faire. Le capitaine Smith envoya à la fois le charpentier pour inspecter les dessous du navire et M. Boxhall, quatrième officier, à l'entrepont pour signaler les dommages. Ce dernier constata un état des choses très dangereux et le rapporta au capitaine Smith qui l'envoya à la salle du courrier. Là encore, il était facile de voir que l'affaire était sérieuse. Les sacs de courrier flottaient et l'eau montait rapidement. Tout cela fut signalé au capitaine, qui ordonna alors de préparer les canots de sauvetage. M. Boxhall était allé dans la chambre des cartes pour relever la position du navire, qu'il remit ensuite aux opérateurs Marconi afin qu'ils la transmettent à tous les navires assez proches pour les aider dans les opérations de sauvetage.

À ce moment, les rapports sur les dégâts arrivaient de partout au capitaine, de l'ingénieur en chef, du concepteur, M. Andrew, et d'une manière spectaculaire par l'apparition soudaine sur le pont d'un essaim de chauffeurs qui s'était précipité d'en bas, où l'eau envahissait la salle des chaudières et les soutes à charbon. Immédiatement, ils reçurent l'ordre de retourner en bas pour, à nouveau, accomplir leur devoir. Conscient de l'urgence à obtenir de l'aide, le capitaine était personnellement allé à la salle Marconi pour donner l'ordre aux opérateurs d'entrer en contact avec tous les navires possibles et leur demander de venir rapidement. L'assistant-opérateur, M. Bride, était endormi à ce moment, et il prit connaissance des dégâts uniquement lorsque Phillips, responsable de la salle Marconi, lui apprit qu'ils avaient heurté un iceberg. Les deux opérateurs commencèrent à émettre le bien connu message CQD, ce qui signifie CQ : *à toutes les stations de participer* et D : *détresse*. Puis ils donnèrent la position du navire en latitude et en longitude. Plus tard, ils ont envoyé le SOS[1], un message arbitraire, convenu selon un code international des signaux.

Peu après la collision, M. Ismay avait appris la nature de l'accident par le capitaine et l'ingénieur en chef. Après s'être habillé, il était allé sur

---

1. Le SOS était un nouveau code à cette époque, il est dit d'ailleurs que le *Titanic* fut le premier à l'utiliser.

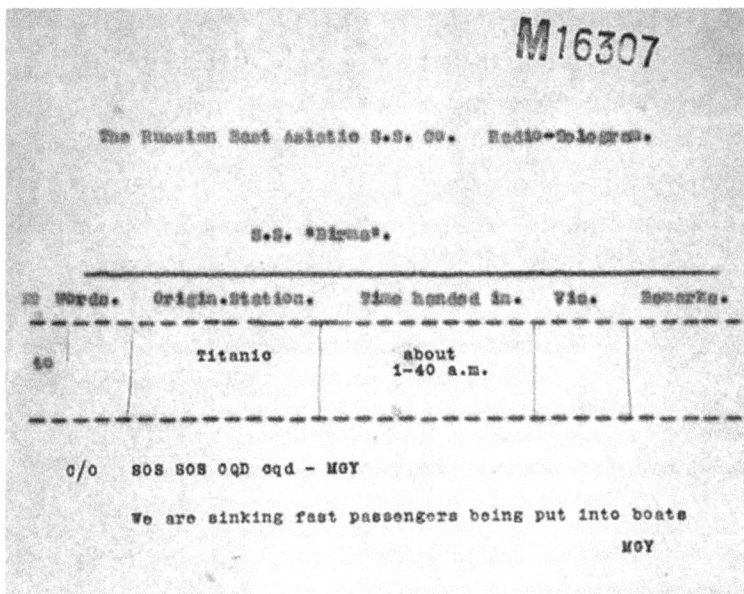

L'un des derniers messages de détresse, envoyé vers 1 h 40 par Jack
Phillips, opérateur radio du *Titanic*, à destination du SS *Birma*.

le pont et parla à quelques-uns des officiers qui n'étaient pas encore tout
à fait au courant des graves blessures infligées à la coque. À ce moment,
tous ceux qui, d'une manière ou d'une autre, étaient liés à la gestion du
navire et la navigation devaient en connaître l'importance et devaient
mettre en œuvre toutes les mesures de sécurité dont ils avaient connaissance, et ceci sans aucun délai. Qu'ils aient pensé alors que le *Titanic*
pourrait couler aussi vite qu'il le fit est peu plausible, mais, sans doute,
dès que les rapports arrivaient, ils savaient que la perte définitive du
navire, en quelques heures, devenait fort probable. D'autre part, il était
prouvé que certains des officiers en charge des canots s'attendaient assez
que l'embarquement ne soit qu'une simple mesure de précaution et qu'ils
seraient tous de retour sur le *Titanic*, dès le retour du jour. Certes, que les
premières informations – que la glace avait été heurtée – fussent trans-
mises aux personnes responsables, cela n'avait pas de réelle signification
sur la gravité de la situation. Un officier se retira même dans sa cabine et
un autre conseilla à un steward de retourner dans sa couchette, comme
s'il n'y avait aucun danger.

L'ordre fut envoyé à tout le navire: «Tous les passagers sur le pont avec les ceintures de sauvetage », et dans l'obéissance, cette foule de gens habillés à la hâte ou partiellement vêtus, commençait à aller vers les ponts appartenant à leur catégorie respective – sauf les passagers de l'entrepont à qui l'accès à d'autres ponts leur fut refusé – et attacher leurs ceintures de sauvetage par-dessus leurs vêtements. Dans certaines parties du navire, les femmes furent séparées des hommes et rassemblées près des canots ; ailleurs, les femmes et les hommes se mêlaient librement, les maris aidaient leur épouse et des familles, et ensuite d'autres femmes et enfants à monter dans les embarcations de secours. Les officiers se répandaient sur les ponts, surveillaient les opérations de chargement et de descente des canots et, dans trois cas, ils reçurent l'ordre de leurs officiers supérieurs, de monter à bord et de les prendre en charge. À ce stade, il y avait de grandes difficultés pour inciter les femmes à évacuer le navire, en particulier lorsque l'ordre « *les femmes et les enfants d'abord* » fut appliqué avec vigueur. Dans de nombreux cas, les femmes refusèrent de quitter leur mari et elles avaient été réellement forcées à monter dans les bateaux. Elles se disputaient avec les officiers en exigeant les raisons et, dans certains cas même, quand elles étaient incitées à monter, elles étaient disposées à penser que c'était une blague ou une précaution qui leur semblait plutôt stupide à prendre. Pour cela, elles étaient encouragées par les hommes laissés derrière qui, dans le même état d'ignorance, disaient *au revoir* à leurs amis tandis qu'ils descendaient, ajoutant qu'*ils se reverraient au moment du petit-déjeuner*. Pour illustrer combien le danger était si peu appréhendé, lorsqu'il a été découvert, sur le pont des premières classes, que le pont inférieur avant était couvert de glace, des batailles de boules de neige étaient prévues et organisées pour le lendemain matin ; certains passagers descendaient même sur le pont pour rapporter des petits morceaux de glace qu'ils se passaient de main en main.

Sous les ponts aussi, il y avait une preuve supplémentaire que personne ne songeait à un danger immédiat. Deux dames marchaient le long d'un des couloirs et venaient à la rencontre d'un groupe de personnes qui s'étaient rassemblées près d'une porte. Elles essayaient de l'ouvrir, en vain. De l'autre côté, un homme demandait, en termes forts, d'être libéré. Soit la porte était fermée et la clé n'avait pas été trouvée, soit la collision avait bloqué la serrure et empêchait la clé de tourner. Les dames pensaient qu'il était affligeant de faire un tel bruit de cette manière, mais l'un des hommes assurait à la personne bloquée qu'en aucune circonstance, elle ne serait laissée là et que son fils, qui regardait la scène, pourrait s'avancer et casser la porte si elle n'était pas ouverte dans l'intervalle. « Il a un bras plus fort que le mien », ajouta-t-il. Le fils s'approcha et fit aussitôt une bouchée de la porte. Elle fut défoncée et l'homme libéré à sa grande satisfaction, plein de reconnaissance envers son sauveur. Mais l'un des chefs stewards, qui arrivait à cet instant, était tellement furieux des dommages causés à la *propriété de sa compagnie*, et si peu au courant des dégâts infiniment plus graves causés ailleurs sur le navire, qu'il avait averti l'homme, qui avait libéré le prisonnier, qu'il serait arrêté dès son arrivée à New York.

Il faut garder à l'esprit que les passagers ne reçurent aucun avertissement. Ici et là, quelques voyageurs étaient assez avertis ; pour eux, une collision avec un iceberg était suffisante pour les convaincre de faire tous les préparatifs afin d'évacuer le navire. Mais la grande majorité des passagers n'avait jamais été informée quant à la nature des dommages infligés, ou même de ce qui s'était passé. Nous savions, d'une manière vague, que nous étions entrés en collision avec un iceberg, mais notre connaissance de ce fait s'arrêtait là, la plupart d'entre nous n'en avaient tiré aucune déduction. Un autre facteur qui empêchait de monter à bord des canots était la descente vers l'eau, en dessous, et le voyage dans les ténèbres sur une mer inconnue, certainement regardé avec effroi. La mer et la nuit, toutes les deux, semblaient très froides et solitaires tandis que le navire ici, était si ferme, si bien éclairé et si chaud. Mais peut-être ce qui fit que tant de personnes avaient décidé de rester à bord du *Titanic* résidait dans la forte croyance à la théorie de son *insubmersibilité*. Encore et encore, il était répété: «ce navire ne peut pas couler, c'est seulement l'affaire d'attendre qu'un autre navire arrive et nous emmène». Les maris devaient suivre leurs épouses et les rejoindre soit à New York soit par transbordement en plein océan de navire à navire. De nombreux passagers rapportaient qu'ils étaient informés par les officiers que le *navire était lui-même un bateau de sauvetage* et qu'il ne pouvait pas sombrer. Une dame affirma que le capitaine lui avait dit que le *Titanic* ne pourrait pas sombrer avant deux ou trois jours ; nul doute que ceci fut répété immédiatement après la collision.

Il n'est pas étonnant alors que de nombreuses personnes élurent de rester en choisissant délibérément le pont du *Titanic* au lieu de prendre place dans un canot de sauvetage. Pourtant, ceux-ci devaient être affalés et si, au premier abord, ils étaient partis à moitié remplis, c'est la véritable explication pourquoi ils n'étaient pas aussi pleinement chargés comme l'avaient été les derniers. Il est donc important de considérer la question de savoir jusqu'où le capitaine était justifié dans la retenue de toutes les connaissances qu'il avait envers chaque passager. D'un certain point de vue, il aurait dû leur dire : « Ce navire va couler dans quelques heures, il y a les canots et seulement les femmes et les enfants peuvent monter. » Mais avait-il le pouvoir d'appliquer un tel ordre ? Il y a des risques comme la panique et les bousculades qui pouvaient échapper au contrôle d'une poignée d'officiers, même armés, et où le plus courageux des hommes pouvait les emporter sur son passage, mentalement comme physiquement.

D'autre part, s'il avait été décidé de ne pas donner aux passagers toutes les informations précises sur le danger et dans le même temps de convaincre – et si ce n'était pas suffisant, de contraindre – les femmes et les enfants de monter dans les canots, tous auraient pu avoir l'occasion d'être sauvés. La ténacité de leur foi envers le navire ne pouvait être prévisible. Il est amplement démontré que le capitaine avait quitté la passerelle quand le navire venait de s'arrêter et qu'il s'était rendu auprès les passagers, leur demandant de monter dans les canots, en excluant rigoureusement les hommes d'y monter, *seuls les femmes et les enfants*. Certains ne voulaient pas y aller. L'officier Lowe témoigna qu'il a crié : « Qui sera le prochain pour le bateau ? » et il n'avait obtenu aucune réponse. Les bateaux ont été envoyés même à moitié remplis. La crainte du flambage [1] en leur milieu était aussi responsable de cela. Mais le capitaine, avec le peu de bateaux à sa disposition, pouvait difficilement faire plus que de persuader et donner des conseils dans les circonstances terribles devant lesquelles il se trouvait.

---

1. Risque que les canots se plient en leur milieu sous le poids de la charge, ce qui aurait été possible sur des bateaux plus vieux.

Combien c'est consternant de penser qu'avec quelques bateaux de plus – le navire était suffisamment pourvu de ce type particulier de bossoirs pour lancer plus de bateaux – il n'y aurait eut aucune décision de ce genre à prendre ! Il aurait pu être dit clairement : « Ce navire va couler en quelques heures. Il y a de la place dans les canots pour tous les passagers, à commencer par les femmes et les enfants ».

Pauvre capitaine Smith ! je ne me soucie pas de savoir si la responsabilité de naviguer à une telle vitesse dans une région pleine d'icebergs doit reposer sur ses épaules ou non, aucun homme n'a jamais eu à faire un tel choix comme lors de cette nuit-là. Il semble difficile de voir comment il fut blâmé pour avoir retenu, envers les passagers, des renseignements qu'il avait sur l'imminence du danger.

Lorsque la presse annonçait que les canots de sauvetage étaient à moitié pleins lors du sauvetage par le *Carpathia*, c'est, à première vue, terrifiant que cela ait pu se produire, mais les critiques sont faciles après coups, facile aussi de dire que le capitaine Smith aurait dû annoncer à tous l'état du navire. Cette nuit-là, le capitaine devait faire face à de nombreuses situations qui échappent à de telles critiques. Que toute personne sensée examine quelques-uns des problèmes qui se présentaient à lui : le navire allait sombrer en quelques heures ; il y avait des places dans les canots de sauvetage pour toutes les femmes et les enfants, et quelques hommes ; il était difficile de convaincre certaines femmes à embarquer dans les canots sauf en leur disant que le navire était condamné, ce que le capitaine jugea préférable de ne pas dire ; il connaissait aussi le risque de flambage si les canots étaient chargés des canots entièrement. Sa solution face à ces problèmes était, apparemment, la suivante : descendre les canots à moitié pleins avec les femmes qui voulaient bien y aller, et de dire à ces bateaux de se tenir prêts à recueillir le plus de passagers possible en les faisant transiter par les portes basses de chargement. Il y a de bonnes preuves que cela faisait partie du plan. J'ai entendu un officier donner cet ordre à quatre bateaux, et une dame, dans le numéro 4, sur le côté bâbord, me racontait que les marins ont été longtemps à la recherche de la porte de chargement devant laquelle le capitaine, personnellement, leur avait demandé d'attendre, et qu'ils se trouvaient en danger d'être aspirés sous le navire. Jusqu'où toutes ces tentatives systématiques de se tenir près des portes ont été faites ? Je ne sais pas. Je n'ai jamais vu une ouverture, ou même un bateau se tenir près de l'une d'elles du côté tribord, tandis que les bateaux 9 et 15 descendaient chargés à plein.

Une fois sur la mer, ils s'étaient immédiatement éloignés à l'aviron. Les preuves sont suffisantes pour dire que le capitaine Smith avait pleinement l'intention de charger les bateaux de cette façon. L'incapacité à mener à bien cette intention est l'une des choses les plus regrettables pour tout le monde, mais, si nous considérons à nouveau la grande taille du navire et le peu de temps pour prendre des décisions, l'omission est plus facile à comprendre. Le fait même de n'avoir pas prévu, à l'avance, la descente des canots nous donne beaucoup de raisons à être reconnaissant d'avoir été jusqu'à sept cent cinq personnes de sauvées. Toute la question sur les devoirs d'un capitaine semble nécessiter une réforme. Il était impossible à un homme seul de contrôler le navire cette nuit-là, et encore, les conditions météorologiques auraient bien pu être moins favorables pour le faire. L'une de ces réformes, qui semble inévitable, est qu'un autre officier puisse être responsable des canots, de leurs équipages, de leur chargement et de leur descente, laissant le capitaine la possibilité d'être présent à la passerelle jusqu'à la dernière minute.

Mais revenons un instant sur les moyens mis en œuvre pour attirer l'attention des autres navires. Les opérateurs de la télégraphie sans fil étaient, à ce moment, en contact avec plusieurs navires et leur demandaient de venir rapidement, car l'eau montait rapidement et le *Titanic* commençait à s'enfoncer par l'avant. Bride[1] témoignait que la première réponse reçue venait d'un bateau allemand, le *Frankfurt* : « Très bien, restez là », mais n'avait pas donné sa position. En comparant la force des signaux reçus du *Frankfurt* et ceux d'autres bateaux, les opérateurs estimaient que le *Frankfurt* était le plus proche, mais les événements ultérieurs ont prouvé que ce n'était pas le cas. Il se trouvait en réalité à cent quarante miles et était arrivé à dix heures cinquante le lendemain matin, alors que le *Carpathia* était déjà parti avec les rescapés. La réponse suivante fut celle du *Carpathia*, en route pour la Méditerranée et à cinquante-huit miles du *Titanic*. Ce fut, de sa part, un prompt et bienvenu :

---

1. Harold Sydney Bride (1890 - 1956) est opérateur radio. Avant d'embarquer le 10 avril 1912 à bord du RMS *Titanic*, il avait servi à bord du RMS *Lusitania*.

« Nous nous hâtons ! » suivi de sa position. Puis ce fut le tour de l'*Olympic* avec qui les opérateurs avaient discuté longtemps, mais ce navire se trouvait à cinq cent soixante miles, loin sur la route du sud, trop éloigné pour porter un secours immédiat. À la vitesse de vingt-trois nœuds, l'*Olympic* prévoyait d'être là vers treize heures le lendemain, temps escompté par ceux du bateau 13. Nous avions toujours supposé que les chauffeurs, dans notre canot, qui avaient donné cette information, l'avaient eu d'un des officiers avant leur départ. Mais ils ne savaient pas qu'un autre navire, le *Carpathia,* était plus proche. Connaissant mieux, probablement, la position du navire-jumeau, l'*Olympic*, ils avaient fait un calcul approximatif.

D'autres navires qui étaient en contact par le sans-fil étaient le *Mount Temple*, à cinquante miles, le *Birma* à une centaine de miles, le *Parisian*, cent cinquante miles, le *Virginia*, cent cinquante miles et le *Baltic*, à trois cents miles. Mais plus proches d'eux, plus encore que ne l'était le *Carpathia*, se trouvaient deux autres navires dont le *Californian* à moins de vingt miles de distance. Mais l'opérateur sans-fil de ce navire n'étant pas de service à ce moment, il était incapable de prendre le CQD, ce signal qui parcourait maintenant l'air à des miles à la ronde, cet appel à l'aide qui fait frémir, *aide immédiate et urgente*, pour les centaines de personnes qui se tenaient sur le pont du *Titanic*.

Le second navire était un petit steamer, situé à quelques miles plus loin sur le côté bâbord ; dépourvu de sans-fil, son nom et sa destination étaient encore inconnus et, pourtant, les preuves de sa présence, ce soir-là, semblaient trop fortes pour être ignorées. M. Boxhall déclara que lui et son capitaine, M. Smith, l'avaient vu assez clairement, à seulement quelque cinq miles de distance et ils pouvaient distinguer les feux de mâts et une lumière bâbord, rouge. Ils l'avaient alerté à la fois avec des fusées et des signaux électriques Morse auxquels Boxhall ne reçut aucune réponse, mais le capitaine Smith et des stewards affirmèrent que le steamer l'avait fait. Les officiers en second et troisième virent les signaux envoyés et ses lumières, les dernières depuis l'embarcation dont ils avaient la responsabilité. Le quartier-maître, Hopkins, avait témoigné que le capitaine lui avait dit d'aller vers cette lumière. Dans le bateau 13, nous l'avions certainement aperçu dans la même position et avions ramé dans sa direction durant quelque temps. Mais malgré tous les efforts déployés pour attirer son attention, le steamer s'était éloigné lentement et les lumières disparurent sous l'horizon.

La pitié pour lui ! Être si proche, et tant de gens qui attendaient l'abri que ses ponts pouvaient leur offrir si facilement. Il semble impossible de penser que ce navire n'ait jamais répondu aux signaux. Ceux qui l'ont dit ainsi ont dû se tromper. Le Comité sénatorial des États-Unis, dans son rapport, n'a pas hésité à dire que ce bateau inconnu et le *Californian* étaient en fait le même, et que l'échec de ce dernier à venir en aide au *Titanic* était une négligence coupable. Il existe des preuves, incontestables, que certains membres de l'équipage du *Californian* ont vu nos fusées. Mais il semble impossible de croire que le capitaine et les officiers, connaissant notre détresse, avaient délibérément ignoré nos appels. Le jugement sur cette affaire ferait mieux d'être suspendu jusqu'à ce que des informations supplémentaires viennent. Un ingénieur, qui a exercé dans le service des transatlantiques, m'a dit que c'est une pratique courante sur les petites embarcations de pêche[1] : quand ils quittaient leur bateau principal, ils s'éloignaient souvent à des miles de lui, se perdaient parfois et erraient au milieu des icebergs sans pouvoir être retrouvés. Dans ces circonstances, les fusées font partie de l'équipement de ces bateaux de pêche et elles sont tirées afin d'indiquer à ces petites embarcations comment revenir. Était-il possible que le *Californian* eût alors pensé que nos fusées étaient de tels signaux, et donc, qu'il n'y avait prêté aucune attention ?

Incidemment, cet ingénieur ajoutait, sans hésitation, qu'il était peu convaincu qu'un grand paquebot puisse stopper et venir en aide à un petit bateau de pêche qui envoyait des signaux de détresse, ou même de faire demi-tour pour le secourir s'il l'avait coupé alors qu'il se trouvait sur sa route, sans lumières. Il affirmait fort que de telles choses étaient communément connues par tous les agents dans le service transatlantique.

En ce qui concerne les autres navires, qui étaient en contact par la télécommunication sans fil, le *Mount Temple* était le seul à être suffisamment proche de nous pour apporter son aide rapidement ; mais, entre lui et le *Titanic*, s'étendaient d'énormes banquises et, en plus, il était entouré par des icebergs.

---

1. Des doris ou baleinières.

Les sept navires qui captèrent le message de détresse se lancèrent aussitôt pour venir à l'aide, mais ils furent tous arrêtés en route (à l'exception du *Birma*) par le sans-fil du *Carpathia* qui annonçait le sort du *Titanic* et que les personnes secourues étaient à son bord. Ce message dut profondément attrister les capitaines de ces navires, ils comprenaient bien mieux que quiconque ce que pouvait signifier la perte d'un tel navire lors de son premier voyage.

Désormais, la seule chose qui restait à faire était de s'occuper des canots de sauvetage aussi rapidement que possible ; les autres officiers avaient, dans l'intervalle, consacré tous leurs efforts à cette tâche. M. Lightoller renvoyait bateau après bateau. Dans l'un, il avait placé vingt-quatre femmes et des enfants, dans un autre, trente, et aussi trente-cinq, puis se retrouvant en manque de marins pour manœuvrer les canots, il envoya le Major Peuchen – un yachtman confirmé – dans le suivant pour aider à sa navigation. Au moment où ils furent remplis, il avait de la difficulté à trouver des femmes pour le cinquième et le sixième bateau, pour les raisons déjà évoquées plus haut. Pendant tout ce temps, les passagers étaient restés *aussi calmes qu'à l'église*, pour utiliser sa propre expression. Manœuvrer et superviser le chargement de six bateaux lui demandait du temps – en moyenne une vingtaine de minutes par bateau – pratiquement jusqu'au moment où le *Titanic* disparaissait à jamais. Toujours au travail jusqu'à la fin, il demeura sur le navire jusqu'à ce qu'il coule et s'enfonça avec lui. Son témoignage devant le Comité, aux États-Unis, fut le suivant :

– Avez-vous quitté le navire ?

– Non, Monsieur.

– Le navire vous a-t-il laissé ?

– Oui, Monsieur.

C'était du bon travail, bien fait et propre ; sa fuite du navire, l'une des plus merveilleuses de toutes, semblait presque être une récompense pour son dévouement au devoir.

Le capitaine Smith, les officiers Wilde et Murdock étaient également engagés dans d'autres parties du navire, incitant les femmes à monter dans les canots et, dans certains cas, ordonnaient à des officiers subalternes de descendre dans certains d'entre eux. Les officiers Pitman, Boxhall et Lowe furent envoyés de cette manière. Dans d'autres, ils placèrent des membres de l'équipage pour les prendre en charge. Lorsque les bateaux étaient affalés, des ordres étaient criés pour leur dicter ce qu'ils devaient faire. Certains devaient rester là et attendre de nouvelles instructions, d'autres devaient s'éloigner à la rame en direction des lumières du vapeur qui disparaissait au loin.

C'est navrant de se rappeler que les premiers bateaux étaient descendus à moitié pleins. Dans quelques cas, les hommes avaient effectivement pu prendre place dans les bateaux en compagnie de leurs épouses. C'étaient de jeunes hommes mariés, depuis quelques semaines seulement, en voyage de noces. Ils l'avaient fait seulement, car plus aucune femme ne pouvait alors être trouvée. Mais la stricte interprétation de la règle « *les femmes et les enfants seulement*», notamment par l'officier responsable, les obligeait à quitter le canot. Certains furent mis à la mer pour rejoindre le *Carpathia* avec de nombreux sièges vacants. On ne peut qu'imaginer l'angoisse de ces jeunes épouses, en de telles circonstances. Dans d'autres parties du navire, cependant, cette règle fut interprétée différemment : les hommes étaient autorisés, voire même invités par les officiers, à monter à bord, non seulement pour faire partie de l'équipage, mais aussi comme simples passagers. Ceci, bien sûr, dans les premiers bateaux, et quand plus aucune femme ne pouvait être trouvée.

L'application variable de cette règle a été un sujet de discussion fréquent sur le *Carpathia*. En fait, la règle elle-même fut débattue avec beaucoup d'interrogations. Beaucoup doutaient de la justice de son application rigide, personne ne pouvait penser que le mari devait être séparé de sa femme et sa famille, les laissant sans le sou. Ou même qu'un jeune marié devrait être séparé de son épouse d'il y a quelques semaines, tandis que des dames avec quelques parents, sans personne à dépendre d'elles, avec peu de responsabilités de toutes sortes, étaient sauvées. Ces dames insistaient sur ce point de vue, et même les hommes semblaient penser que c'était bien de le dire. Peut-être que ceci l'était, en théorie, mais impossible dans la pratique, je pense. Citons à nouveau le témoignage de M. Lightoller ; le Comité du Sénat américain lui avait demandé si c'est une règle en mer, que les femmes et les enfants soient sauvés en premier, il avait répondu : « Non, c'est une règle de la nature humaine. » C'est sans doute la vraie raison de son existence.

Mais, dans ces circonstances, le processus sélectif donnait des résultats très amers pour certains. Pour les dames qui avaient perdu tout ce qu'elles avaient de plus cher au monde, c'était déchirant d'entendre qu'un chauffeur avait été ramassé en mer par un bateau ; il était tellement ivre qu'il s'était levé et avait brandi le bras ; il avait dû être jeté dans le fond par les dames qui s'étaient assises sur lui pour le faire taire. Si nous devions établir des comparaisons, il semblerait mieux qu'un homme éduqué et raffiné fût sauvé plus qu'un autre qui se serait jeté sur la boisson pour y trouver refuge en temps de danger. Ces discussions tournaient parfois à de vieilles demandes : « quel était le but de tout cela ? Pourquoi ce désastre ? Pourquoi cet homme fut sauvé et cet autre perdu ? Qui s'est arrangé pour que mon mari puisse vivre quelques courtes années de bonheur dans le monde, et les plus heureux jours de ces années avec moi ces dernières semaines, et ensuite m'avoir été enlevé ? » Je n'ai pas entendu que cela puisse être attribué à une puissance divine qui ordonne et organise la vie des hommes et, dans le cadre d'un plan précis, envoie des calamités et la misère afin de *purifier, enseigner* ou *spiritualiser*. Je ne dis pas que certains aient pu penser et y voir la sagesse divine dans tout cela, si insondable que notre ignorance puisse être, mais je ne n'ai jamais entendu l'être exprimé. Ce livre n'est destiné à n'être rien de plus qu'une chronique partielle de nombreuses expériences et convictions différentes.

D'autre part, certains n'avaient pas manqué de dire, avec force, que l'indifférence aux droits et aux sentiments des autres, la cécité au devoir envers nos semblables, hommes et femmes, étaient, en dernière analyse, la cause de la plupart des misères humaines dans ce monde. Et nous devrions davantage faire appel à notre sens de la justice pour attribuer ces choses à notre propre manque de considération envers les autres, plutôt que de transférer cette responsabilité à une Puissance dont nous avons en premier postulé qu'elle était toute la Sagesse et tout l'Amour.

Vers deux heures, tous les canots étaient affalés et envoyés. À ce moment, le navire était très bas sur l'eau. Le pont du gaillard d'avant était complètement submergé et la mer progressait vers la passerelle à une allure régulière et se trouvait probablement déjà à quelques mètres plus loin. Personne, sur le navire, ne pouvait avoir de doute quant à son destin ultime. Pourtant, les mille cinq cents passagers et membres d'équipage à son bord ne manifestaient, aucun bruit ne venait d'eux tandis qu'ils se tenaient tranquillement sur les ponts ou vaquaient à leurs tâches. Cela semble incroyable, et pourtant, si c'était la suite des mêmes sentiments qui existaient sur les ponts avant que les canots ne quittent le navire – je n'ai aucun doute à ce propos – l'explication est franche et raisonnable dans sa simplicité. Dans le dernier chapitre, je tenterai de démontrer pourquoi la foule avait une attitude si paisible et si courageuse à ce moment. Il y a des articles de presse qui décrivent des foules excitées, courant sur le pont sous l'effet de la terreur, des gens qui se battaient et se frappaient. Mais deux des observateurs les plus fiables, le colonel Gracie et M. Lightoller, ont affirmé que ce n'était pas le cas, que l'ordre et la tranquillité absolus prévalaient. L'orchestre jouait toujours pour remonter le moral de tous ceux qui étaient proches ; les ingénieurs et leur équipage – je n'ai jamais entendu quelqu'un dire d'un seul ingénieur était venu sur le pont – travaillaient toujours, loin en dessous, sur les générateurs électriques pour fournir la lumière en les gardant en activité jusqu'à ce qu'aucun être humain ne puisse le faire une seconde de plus, au moment où, à la fin, le navire s'inclinait et ses moteurs se détachaient et tombaient. La lumière s'arrêta seulement parce que les moteurs n'étaient plus là pour produire l'énergie, et non parce que les hommes qui travaillaient dessus n'accomplissaient plus leur devoir. Ils étaient dans les entrailles du navire, loin du pont où, dans tous les cas, il y avait une chance de plonger et de nager avec un probable sauvetage. Sachant que lorsque le navire s'en irait – ils savaient que cela arriverait bientôt – ils avaient peut-être un impossible espoir de monter à temps pour rejoindre la mer. Ils savaient tout cela ; pourtant, ils maintenaient les moteurs en marche pour que les ponts soient éclairés jusqu'à la dernière minute, c'était un nécessaire et sublime courage.

Mais ce courage, demandé à chaque machiniste, n'est pas désigné par ce nom, il est appelé : *Devoir*. Rester près de ses machines jusqu'au dernier instant possible est son devoir. Il ne peut y avoir de meilleur exemple de ce que fut ce courage suprême, mais le devoir fut si bien accompli que nous devons nous souvenir que les machinistes du *Titanic* étaient encore au travail tandis que le navire s'inclinait, les jetant avec leurs moteurs sur toute la longueur du navire. Le simple fait que ces lumières furent maintenues jusqu'à la fin est leur véritable épitaphe, mais les mots de Lowell pourraient s'appliquer à eux, avec une force toute particulière.

> *"Plus longtemps nous vivons sur cette Terre*
> *Et pesons les différentes qualités des hommes*
> *Plus nous ressentons la grande et austère beauté*
> *De la pleine consécration au devoir*
> *Inébranlable et immobile, ni payé d'éloges mortels*
> *Mais qui trouve une ample récompense*
> *Dans une vie sans artifices*
> *Dans la tâche parfaitement accomplie*
> *Et les jours sans oisiveté."*

Quelque temps avant qu'il ne disparaisse à jamais, le *Titanic* présentait une telle gîte à bâbord qu'un canot pouvait se retrouver assez éloigné du bord. Il avait, dans ce cas, de la difficulté pour prendre des passagers. Vers la fin, cette gîte augmentait et le colonel Gracie relatait que M. Lightoller, qui avait une voix profonde et puissante, avait ordonné aux passagers de passer sur le côté tribord. C'était dans les derniers instants. Ils traversèrent le navire et, tandis qu'ils le faisaient, des passagers de l'entrepont se précipitaient et remplissaient les ponts déjà tellement bondés qu'il y avait à peine de la place pour bouger. Peu de temps après, le grand vaisseau se balançait lentement, la poupe en l'air et les lumières s'éteignirent. Alors, certains furent jetés à l'eau, d'autres plongeaient. La grande majorité s'accrochait aux rambardes, sur les côtés et sur les toits des superstructures, couchés à plat ventre sur le pont. Ils étaient dans cette position quand, quelques minutes plus tard, l'énorme vaisseau plongea obliquement. Alors que le navire partait ainsi, ils étaient nombreux à s'accrocher au bastingage, mais, sans aucun doute, la plupart faisaient de leur mieux pour se tenir loin de lui et sauter lorsqu'il glissa vers l'avant et vers le bas. Quoi qu'ils fissent, il n'y avait guère de doute que la plupart d'entre eux seraient entraînés par l'aspiration, pour

Charles Herbert Lightoller (1874 - 1952).

Archibald Gracie (1858 - déc. 1912).

ensuite remonter à la surface quelques instants et briser le silence de la nuit avec leurs cris déchirants, ces cris qui parvenaient, avec une telle stupéfaction, aux oreilles de ceux qui étaient dans les canots de sauvetage. D'autre part, un autre survivant raconte qu'il avait plongé depuis la poupe, avant que le navire ne gîte, et qu'il a nagé sous ses énormes triples hélices désormais soulevées hors de l'eau tandis que le vaisseau allait à sa fin. Fasciné par cette vue extraordinaire – il les voyait au-dessus de sa tête – il réalisa sur l'instant qu'il devait s'éloigner aussi vite que possible. Il commença à nager, mais à ce moment le *Titanic* plongea en avant, et les hélices passaient près de sa tête. Son expérience démontra qu'il n'y avait pas eu cette succion attendue, mais seulement une vague qui le transporta loin de l'endroit où le navire avait disparu.

De tous ceux parmi les mille cinq cents personnes jetées à la mer lorsque le *Titanic* sombra, innocentes victimes de l'insouciance et de l'apathie de ceux qui étaient responsables de leur sécurité, seul un petit nombre trouva son chemin vers le *Carpathia*. Cela sera un vain objectif que d'insister plus longtemps sur la scène de ces hommes sans défense et de ces femmes qui luttaient dans l'eau. Le cœur de chacun, qui a perçu leur impuissance, est allé dans le plus profond amour et la sympathie. De savoir que, pour la plupart, cette lutte dans l'eau a été brève et physiquement peu douloureuse en raison des basses températures – les preuves semblent démontrer qu'ils furent peu nombreux à perdre la vie par noyade – est d'une relative consolation.

Si chacun a ainsi ressenti cette sympathie envers les victimes d'une manière si concrète, les forçant à suivre personnellement la question des réformes sans la laisser aux seuls experts, alors, en tous cas, il sera fait quelque chose qui expiera la perte de tant de vies, nombreuses et précieuses.

Nous pouvons désormais mieux suivre les épreuves de ceux qui ont été sauvés lors de l'épisode final de la catastrophe. Deux rapports, ceux du colonel Gracie et M. Lightoller, se recoupent de très près. Le premier est resté cramponné au bastingage, le second plongea juste avant que le navire s'enfonce et disparaisse au fond, mais il a été aspiré vers le bas, plaqué contre une bouche de ventilation. Tous les deux ont été entraînés vers le fond sur ce qui leur semblait être une longue distance, mais finalement M. Lightoller fut refoulé à nouveau par un terrible courant d'air venant de la soufflerie qui le repoussa. Le colonel Gracie était parvenu à remonter à la surface en retenant son souffle durant ce qui lui semblait être une éternité et ils ont, tous les deux, nagé pour attraper n'importe quelle épave qu'ils pourraient rencontrer. Enfin, ils ont vu un bateau pliable, renversé. Ils ont grimpé dessus en compagnie de vingt autres hommes, parmi lesquels se trouvait l'opérateur Marconi, M. Bride. Après être restés ainsi quelques heures, avec la mer les arrosant jusqu'à la ceinture, ils s'étaient mis debout quand le jour se leva, en deux rangées, se maintenant en équilibre comme ils le pouvaient, dans la crainte d'un chavirage. Enfin, un canot de sauvetage les a vus et les a transbordés lors d'une opération menée avec la plus grande difficulté. Ils rejoignirent le *Carpathia* à l'aube. Peu de gens sont passés par une telle expérience comme ces hommes l'ont fait, se tenant toute la nuit sur un canot renversé et déséquilibré, priant ensemble comme ils le firent durant tout ce temps, pour voir le jour et un navire venir les chercher.

Quelques comptes-rendus, à propos du voyage de la flotte de canots en direction du *Carpathia*, doivent être faits, mais ceux-ci doivent nécessairement être brefs et les expériences diffèrent considérablement. Certains n'avaient rencontré aucun iceberg, ne manquaient pas d'hommes aux avirons, avaient découvert de la lumière, de la nourriture et de l'eau. Recueillis en quelques heures seulement, ils avaient peu souffert de l'inconfort. D'autres semblaient voir des icebergs près d'eux toute la nuit, et avaient ramé autour, d'autres avaient si peu d'hommes à bord – parfois, à peine deux ou trois – que les dames devaient se mettre aux avirons et, dans un cas, de piloter. Ils n'avaient pas trouvé ni lumière ni nourriture ou eau, et avaient dérivé durant de nombreuses heures, parfois près de huit heures pour certains.

Le premier bateau à être recueilli par le *Carpathia* était sous la responsabilité de M. Boxhall. Il n'y avait qu'un seul autre homme à l'aviron avec les femmes. Dans ce canot, une lumière verte avait brillé toute la nuit ; elle fut d'un grand confort pour le reste d'entre nous qui n'avait rien d'autre pour s'orienter. Même si elle était insignifiante, cette lumière était un point sur lequel nous pouvions envisager la voie du salut. Ce feu vert fut le premier signe que le capitaine du *Carpathia*, M. Rostron, avait de notre position, et il s'était dirigé vers lui pour secourir ses premiers passagers.

M. Pitman a été désigné, par le premier officier Murdock, responsable du bateau 5, avec quarante passagers et cinq membres de l'équipage. Ce canot aurait pu contenir davantage de monde, mais aucune femme n'avait pu être trouvée au moment où il fut affalé. M. Pitman dit qu'après avoir quitté le *Titanic*, il avait confiance que le navire flotterait encore et que tous seraient de retour. Un des passagers de ce canot racontait que les hommes n'avaient aucune intention d'embarquer au moment où il était affalé, et ils prenaient rendez-vous avec lui pour la matinée suivante. Le bateau 7, l'un de ceux qui contenaient peu de gens, était lié au bateau 5. Quelques-uns furent transférés à partir du numéro 5, mais il y aurait pu en avoir beaucoup plus.

Le cinquième officier, M. Lowe, était responsable du bateau 14, avec cinquante-cinq femmes et enfants à bord, et quelques membres de l'équipage. Ce canot était assez chargé et, lorsqu'il était en cours de descente, M. Lowe dut tirer un coup de revolver sur le flanc du navire pour prévenir toute autre escalade et éviter que le canot ne se déforme. Ce canot, ainsi que le 13, a été difficilement décroché de ses dispositifs de descente et les cordages durent être coupés lorsqu'il toucha l'eau. M. Lowe prit en charge quatre autres bateaux, et les fit attacher ensemble avec des bouts[1] ; certains d'entre eux n'étant pas pleins, il transféra tous ses passagers dans ces derniers, les répartissant dans l'obscurité aussi bien qu'il le pouvait. Il retourna ensuite à l'endroit où le *Titanic* avait sombré et recueilli quelques-uns qui nageaient dans l'eau puis revint vers les quatre bateaux. En allant vers le *Carpathia*, il rencontra l'un des bateaux pliables, qui semblait couler, et prit à son bord tous ceux qui étaient dessus.

Le bateau 12 était l'un de ces quatre attachés ensemble. Le marin qui en avait la responsabilité témoignait qu'il avait voulu revenir vers ceux qui se noyaient, mais avec quarante femmes et enfants, et un seul homme à l'aviron, il n'était pas possible de manœuvrer un tel bateau, lourd, vers le lieu du naufrage.

Le bateau 2 était un petit canot avec seulement quatre ou cinq

---

1. Corde, en langage de marine.

passagers et sept membres de l'équipage. Le bateau 4 fut l'un des derniers à quitter le côté bâbord et, à ce moment, il y avait une telle gîte que des chaises longues servaient à combler l'écart entre le canot et le pont. Lorsqu'il fut affalé, il demeura quelques instants encore retenu aux cordages. Tandis que le *Titanic* sombrait rapidement, il risquait d'être entraîné avec lui sous l'eau. Ce canot était rempli de femmes qui suppliaient les marins de quitter le navire, mais, dans l'obéissance aux ordres du capitaine de se tenir à la porte de chargement, ils restaient à proximité, si près d'ailleurs que tous pouvaient entendre la vaisselle tomber et se casser tandis que le navire s'enfonçait par l'avant. Ils furent presque touchés par des débris jetés par-dessus bord, par quelques officiers et membres d'équipage, afin de servir de radeaux. Le canot put enfin s'écarter et il se retrouva seulement à une courte distance lorsque le navire sombra, de sorte que quelques hommes purent monter à son bord tandis qu'ils remontaient à la surface.

Durant la nuit, ce canot a eu une expérience désagréable avec des icebergs, beaucoup ont été vus et évités avec difficulté.

Le quartier-maître Hickens était responsable du bateau 6 et, en l'absence de marins, le major Peuchen a été envoyé pour aider à le manœuvrer. On leur avait demandé d'aller en direction de la lumière du steamer aperçu sur le côté bâbord ; ils y sont allés jusqu'à sa disparition. Il y avait quarante femmes et enfants à son bord.

Le bateau 8 n'avait qu'un seul marin et, comme le capitaine Smith appliquait avec rigueur la règle de *seulement les femmes et les enfants*, les dames devaient ramer. Plus tard dans la nuit, comme ils n'avaient pas beaucoup avancé, le marin prit une rame et confia la barre à une femme. Ce bateau se retrouva à nouveau au milieu des icebergs.

Parmi les quatre canots pliables – bien que pliable ne soit pas exactement le bon terme, car seulement une petite partie s'abaisse, le bord en toile. *Surf boat* est son vrai nom – l'un fut lancé au dernier moment en étant poussé à la mer lorsque celle-ci atteignit le bord du pont et il ne fut jamais apprêté. C'était celui où vingt et un hommes avaient grimpé dessus. Un autre fut rattrapé par M. Lowe et ses passagers transférés, à l'exception de trois hommes qui avaient péri des effets de l'immersion. Ce bateau, abandonné à la dérive, fut retrouvé un mois plus tard par le

Celtic, dans le même état. Il est intéressant de noter combien de temps ce bateau était resté à flot alors qu'il n'était censé ne plus être en état de naviguer. Une curieuse coïncidence provenait du fait que l'un de mes frères, qui voyageait sur le *Celtic*, en regardant par-dessus bord, vit dériver sur la mer un bateau appartenant au *Titanic* dans lequel j'avais fait naufrage.

Les deux bateaux pliables arrivés sur le *Carpathia* transportaient des chargements complets de passagers. Dans l'un, celui de tribord avant, l'un des derniers à partir, se trouvait M. Ismay. Là, quatre Chinois s'étaient dissimulés sous les pieds des passagers. Comment étaient-ils arrivés là ? On ne le savait pas. Ou bien, comment se trouvaient-ils à bord du *Titanic* ? Selon les lois d'immigration en vigueur aux États-Unis, ils n'étaient pas autorisés à entrer dans ses ports.

Pour conclure, nous avions la plus grande gratitude dans le fait que ces canots portèrent, en toute sécurité, leurs passagers vers le navire venu à notre secours. Il ne serait pas juste d'accepter simplement ce fait sans attirer l'attention dessus. Il pourrait être facile d'énumérer tellement d'autres dangers divers.

———

Le *Carpathia* à New York.

Le capitaine du Carpathia, Arthur Henry Rostron.

CHAPITRE VII

LE RETOUR DU CARPATHIA À NEW YORK

Dès l'instant où le *Carpathia* avait capté le CQD du *Titanic*, à environ minuit trente le lundi matin, qu'il s'était rapidement mis en route à son secours et jusqu'à ce qu'il arrive à New York le jeudi suivant à vingt heures trente, son voyage fut l'un de ceux qui a exigé de la part du capitaine, des officiers et de l'équipage, la connaissance la plus exacte de la navigation, avec la plus grande vigilance dans chaque service, à la fois avant et après le sauvetage, et une capacité d'organisation qui devait atteindre le point de rupture.

Dans la mesure où toutes ces qualités ont été réunies et la manière dont ces tâches furent menées, sont à mettre à l'honneur éternel de la Cunard Line et à ses serviteurs qui avaient la responsabilité du *Carpathia*. La part du capitaine Rostron, dans tout ceci, a été l'une des plus grandes ; son action se confond dans la noblesse de sa modestie remarquable, qu'il décrit de son propre propos, comme *un travail parfaitement accompli et courageusement*.

Aussitôt que le *Titanic* avait appelé à l'aide et donné sa position, le *Carpathia* s'était dérouté et s'était dirigé vers le nord. Tous ses marins furent appelés au service et les chauffeurs placés pour une nouvelle veille. La vitesse la plus élevée dont était capable le navire, était exigée aux machinistes, avec pour résultat que la distance, de cinquante-huit miles, entre les deux paquebots fut parcourue en trois heures et demie, une vitesse qui était bien au-delà de sa capacité normale. Les trois médecins à bord prenaient chacun la responsabilité d'un salon, prêts à aider quiconque aurait besoin de leurs services. Les stewards et le personnel de restauration étaient à pied d'œuvre pour préparer des boissons chaudes et des repas. Le personnel du commissaire de bord était prêt avec des couvertures et des couchettes pour les naufragés aussitôt qu'ils seraient à bord. Sur le pont, les marins apprêtaient les canots de sauvetage, les plaçaient sur les bossoirs et se tenaient là, prêts à descendre leurs équipages si nécessaire. Des échelles de corde étaient fixées, des chaises de corde, des nœuds coulants et des sacs pour les enfants placés aux écoutilles, pour monter les rescapés à bord.

Le capitaine et ses officiers se tenaient sur le pont et scrutaient l'obscurité avec impatience pour observer les premiers signes du *Titanic* désemparé, en espérant qu'en dépit de son dernier message désespéré de *naufrage par l'avant* ils le trouveraient encore à flot quand ils seraient parvenus à lui. Une veille avec deux hommes en vigie fut mise en place, car il y avait d'autres choses à observer cette nuit-là en plus du *Titanic*. Et ils le trouvèrent rapidement.

Ainsi que le capitaine Rostron le déclarait dans son témoignage, ils avaient vu des icebergs tout autour d'eux, entre deux heures quarante-cinq et quatre heures, passant à côté d'une vingtaine, de cent à deux cents pieds de haut, et d'un grand nombre beaucoup plus petits ; et ils eurent souvent à manœuvrer pour les éviter. Ce fut un moment où toutes les facultés de chacun étaient utilisées suivant leurs capacités. Avec la connaissance qu'ils avaient que l'énorme *Titanic* – le navire prétendument insubmersible – avait heurté la glace et s'enfonçait rapidement, avec la veille constante sur le pont, signalant : « iceberg sur tribord, icebergs à bâbord… », il fallait du courage et du discernement pour conduire le navire à travers cette route encombrée d'icebergs et manœuvrer autour d'eux. Comme le capitaine le disait lui-même : « J'ai pris le risque d'aller à pleine vitesse dans le désir de sauver des vies. » Quelques personnes pourraient probablement le blâmer d'avoir pris un tel risque, mais le comité sénatorial lui assurait qu'en aucun cas, cela ne lui serait reproché. Et nous tous, ceux des embarcations de sauvetage, nous n'avions certainement aucun désir de le faire.

Le navire s'était finalement arrêté à quatre heures, avec un iceberg signalé droit devant (sans aucun doute celui autour duquel nous avions ramé dans le canot 13 alors que nous nous approchions du *Carpathia*), et à peu près au même moment le premier bateau fut repéré. Encore une fois, le *Carpathia* devait manœuvrer autour de l'iceberg pour prendre le bateau qui était l'un de ceux sous la responsabilité de M. Boxhall. De ce dernier, le capitaine apprit que le *Titanic* avait sombré et qu'il était trop tard pour sauver quiconque hormis ceux qui se trouvaient dans l'un des canots, qu'il pouvait maintenant voir venir de toutes les parties de l'horizon.

En attendant, les passagers du *Carpathia*, quelques-uns intrigués par la vibration inhabituelle de l'hélice, d'autres par le piétinement des marins au-dessus de leurs têtes, occupés à préparer les canots de sauvetage, se tenant prêts à les descendre avec les cordages, commençaient à venir sur le pont tandis que le jour se levait. Une vue extraordinaire s'offrait alors à eux : aussi loin que portait le regard, au nord et à l'ouest, il y avait une étendue ininterrompue de champs de glace, les icebergs étaient toujours attachés à la banquise et leur masse se dressait telle une colline au-dessus d'une plaine. Devant nous, et vers le sud et l'est, d'énormes monstres flottants se montraient à travers les ténèbres en déclin, leur nombre augmentait à chaque instant que l'aube se levait et colorait en rose l'horizon. Impressionnant de voir combien de ces icebergs *occupaient* l'aspect de la mer. D'être allé au lit la veille, alors qu'il n'y avait rien, et de monter sur le pont pour se retrouver avec tant d'objets en vue est tout du caractère changeant de la mer.

Le pont semblait bondé ; un canot de sauvetage était sur le côté et des gens escaladaient à bord, essentiellement des femmes en chemise de nuit et robes de chambre, avec des manteaux et des châles, de tout et rien, que des vêtements ordinaires ! Sur l'avant et de chaque côté, quelques torches brillaient faiblement pendant quelques instants puis s'étouffèrent – et des cris et des acclamations flottaient sur la mer calme.

Pour les passagers du *Carpathia*, accoudés au bastingage en ce matin-là, à l'aube, difficile d'imaginer un spectacle aussi inattendu que celui qui se présentait à leurs yeux. Aucun romancier n'aurait osé imaginer un tel tableau : de belles conditions climatiques, l'aurore, l'étoile du matin, la lune à l'horizon, la mer qui s'étend en beauté jusqu'à la ligne d'horizon et maintenant, à la place, sur cette mer, un champ de glace, comme dans les régions arctiques, et partout de nombreux icebergs. Et, tout près d'eux, à l'aviron, des petits bateaux qui évitaient les icebergs, surgissant soudainement de nulle part avec des passagers rescapés du navire le plus merveilleux que le monde avait connu. Aucun artiste n'aurait pu concevoir une telle image, elle aurait semblé si dramatique, à la limite de l'impossible même, qu'elle n'aurait pas pu être esquissée. Une telle combinaison d'événements pourrait être hors de l'imagination de l'auteur et de l'artiste.

Les passagers, massés aux bastingages, posèrent leurs regards sur nous qui étions, tôt dans ce matin, en train de ramer. Ils étaient là, tranquillement, à part, pendant que l'équipage nous prenait à bord, sur les passerelles en dessous ; ils nous regardaient comme si le navire était à quai et nous, tentions de le rejoindre d'une manière quelque peu inhabituelle. Quelques-uns de ces passagers avaient dit que nous étions très calmes tandis que nous montions à bord. Oui, nous étions calmes, mais eux aussi l'étaient. Des deux côtés, il y avait très peu d'émoi, seulement le comportement tranquille de personnes qui font face à quelque chose de trop imposant pour, toutefois, se mentir à soi-même et pour laquelle ils ne peuvent encore parler. Et ainsi, ils nous demandèrent poliment si nous désirions du café chaud, que nous eûmes, et de la nourriture, que nous avions généralement refusée, nous n'avions pas faim. Au début, ils nous parlaient que très peu à propos de la perte du *Titanic* et de nos aventures dans la nuit.

Beaucoup d'exagérations et d'erreurs ont été écrites à propos de l'état mental des passagers, lors de leur arrivée à bord du *Carpathia*. Nous avons été décrits comme étant « trop hébétés pour comprendre ce qui se passait », on nous regardait comme étant « figés, le regard fixe, » ou « étourdis par l'ombre terrible de l'événement ». C'est ce à quoi la plupart des gens s'attendent, sans doute, à entendre ou lire en de telles circonstances, mais je sais que cela n'est pas fidèle à la manière dont nous sommes arrivés ; en fait, ce n'était pas vrai. Ainsi qu'il a été noté auparavant, la seule chose qui importe pour décrire un événement de ce genre est l'exacte vérité, aussi proche de ce que l'esprit humain, faillible, est capable de le dire, et ma propre opinion sur notre état mental, à ce moment, est celui de la reconnaissance suprême et le soulagement de pouvoir fouler à nouveau le pont sécurisant d'un navire. Je suis conscient que les expériences vécues dans chaque canot diffèrent considérablement. Ceux qui étaient incertains du sort de leurs proches et de leurs amis étaient très anxieux et troublés. Il n'est pas possible de lire dans la conscience d'une autre personne et de dire ce qui y est écrit, mais parler des conditions mentales, dans la mesure où elles sont définies par des expressions mentales et corporelles, je pense que la joie, le soulagement, la gratitude ont été les expressions dominantes, lisibles sur les visages de ceux qui avaient gravi les échelles de corde et ont été soulevés dans les harnais.

Il ne faut pas oublié que, personne, dans n'importe lesquels des canots, ne savait qui se trouvait à bord des autres bateaux. Peu de gens savaient même combien il y avait de bateaux, ou même le nombre de passagers qui pouvaient être sauvés. À ce moment-là, il leur paraissait probable que des amis pourraient les suivre sur le *Carpathia* ou être recueillis sur d'autres navires, ou même, plus tard, être sur le quai à nous accueillir. Les scènes d'hystéries qui ont été décrites sont imaginaires. En vérité, immédiatement après son arrivée à bord, une femme remplissait le salon de ses cris d'hystérie. Mais elle ne pouvait pas savoir, avec certitude, qu'un de ses amis avait été perdu. Le sentiment de soulagement, après quelques heures d'errance sur la mer, fut, sans doute, trop fort pour elle pendant un certain temps.

L'une des premières choses que nous fîmes fut de nous rassembler autour d'un steward venu avec un paquet de formulaires télégraphiques. Il était le porteur des nouvelles bienvenues, que les passagers pouvaient envoyer par télégraphie sans fil [1] à leurs proches, gratuitement. Aussitôt, il emporta la première gerbe de messages griffonnés à la hâte vers l'exploitant [2]. Au moment où le dernier canot était hissé à bord, la pile de messages, dans la cabine Marconi, devait voir sa hauteur augmenter. Nous avions appris par la suite que beaucoup de ces télégrammes n'atteignirent jamais leur destination, et ce n'était pas surprenant [3]. Il y avait

1. Le terme original utilisé par l'auteur est *Marconigrams*. L'utilisation de la radio était payante pour les passagers. C'était un service très apprécié sur les paquebots qui en étaient pourvus, souvent considéré comme une nouveauté attractive, ce qui fut le cas notamment à bord du *Titanic*.

2. Les installations Marconi étaient exploitées directement par des opérateurs de la société éponyme. Les employés ne faisaient pas toujours partie de l'équipage du navire.

3. En fait, il n'y eut que quarante-quatre messages retransmis à la station de Siasconset dans le Massachusetts.

à bord qu'un seul opérateur, M. Cottam. Il avait, dans une certaine mesure, reçu l'aide de M. Bride, l'opérateur du *Titanic*, lorsque ce dernier avait suffisamment récupéré de ses blessures pour se mettre à l'appareil, mais M. Cottam avait tellement à faire qu'il s'était endormi au cours de ce travail le mardi soir, après voir rempli son devoir trois jours durant, sans repos. Mais ne sachant pas si ces messages avaient été reçus, nous imaginions nos amis informés de notre sécurité. Ensuite, le lundi, un appel nominal des rescapés se déroula dans le salon du *Carpathia* et la liste fut télégraphiée à terre avant tous les autres messages. Il semblait certain alors que des amis, à la maison, pouvaient être soulagés de toute inquiétude, mais cette première liste officielle télégraphiée comportait des erreurs. L'expérience de mes propres amis illustre cela : les télégrammes que j'avais écrits ne sont jamais parvenus en Angleterre, et mon nom n'était nulle part mentionné, sur aucune des listes des rescapés, même une semaine après le débarquement à New York. Je l'ai vu sur la *liste finale des disparus*, liste bordée de noir. Il semblait certain, pour mes amis, que je n'avais pas pu rejoindre le *Carpathia*, si bien qu'au moment précis où j'écris ces lignes, j'ai, devant moi, des notices nécrologiques des journaux anglais donnant une courte esquisse de ma vie en Angleterre. Après le débarquement à New York, je réalisais, à partir des listes des rescapés qu'un journaliste me montrait, que mes amis étaient sans nouvelles depuis que le *Titanic* avait sombré le lundi matin, jusqu'à ce soir (jeudi, vingt et une heures). J'avais aussitôt envoyé un message en Angleterre (comme je n'avais sur moi que deux shillings rescapés du *Titanic*, la White Star Line paya pour les câbles), mais les messages ne furent livrés que le lendemain matin, à huit heures vingt. À neuf heures, mes amis lisaient dans les journaux le bref compte-rendu de la catastrophe que j'avais fourni à la presse ; alors, au même moment, ils savaient que j'étais sain et sauf, et eurent connaissance des épreuves vécues lors du naufrage. Je suis reconnaissant de me souvenir que beaucoup de mes amis à Londres refusèrent de me compter parmi les disparus, durant les trois jours où j'étais signalé comme tel.

Il y a un revers à la façon dont les nouvelles étaient arrivées, et un triste, en effet. Une fois de plus, je souhaiterais qu'il ne soit pas nécessaire de dire de telles choses, mais depuis que tous les navires transatlantiques sont équipés de puissants appareils Marconi avec des opérateurs qui se relaient, il est préférable de le faire. Le nom d'un monsieur américain – le même qui était assis près de moi dans la bibliothèque, le dimanche après-midi, et que j'ai identifié plus tard sur une photographie –, fut constamment reporté sur les listes comme étant rescapé et se trouvait à bord du *Carpathia*. Son fils partit à New York pour le rencontrer, se réjouissant de sa délivrance, et il ne l'avait pas trouvé là-bas. Quand j'ai rencontré sa famille, quelques jours plus tard, et capable de leur donner quelques détails de sa vie à bord, il semblait presque cruel de leur raconter l'expérience inverse qui était arrivée à mes amis, chez moi.

Revenons au voyage du *Carpathia*. Les derniers passagers étaient montés à bord à huit heures trente, les canots de sauvetage hissés sur le pont tandis que les canots pliables étaient abandonnés en mer. Puis le *Carpathia* naviagua sur la scène du naufrage dans l'espoir de recueillir quiconque pourrait flotter sur une épave. Avant cela, le capitaine organisa un service dans le salon, juste au-dessus de l'endroit où le *Titanic* avait coulé, autant qu'il pouvait le calculer. Un service, comme il le disait, « par respect envers ceux qui ont été perdus, et de reconnaissance pour ceux qui ont été sauvés ».

Le *Carpathia* tournait sur les lieux sans rien trouver qui pouvait indiquer un quelconque espoir de retrouver plus de passagers. Alors que *Californian* était arrivé, suivi peu après par le *Birma*, un cargo russe, le capitaine Rostron décidait d'abandonner toutes recherches supplémentaires et de partir à terre à toute vitesse avec les rescapés. Pendant que nous naviguions en cercle à l'emplacement du naufrage, il y avait étonnamment peu d'épaves visibles, hormis quelques chaises longues et d'autres petits morceaux de bois, mais rien d'autre de n'importe quelle taille. Cependant, une masse de couleur rouge-jaune couvrait la mer en plaques énormes ; *que* nous appelions *algues*, faute d'un nom approprié. Il paraît que c'était du liège, mais je ne l'ai jamais su exactement.

Le problème du lieu où nous devions être débarqués devait être décidé. Le *Carpathia* faisait route vers Gibraltar et si le capitaine poursuivait son voyage là-bas, il pouvait nous déposer aux Açores, mais il faudrait plus de linge et de provisions. Les passagers étant principalement des femmes et des enfants mal vêtus, échevelés et dans le besoin de beaucoup d'attentions, le capitaine ne pouvait pas leur fournir le nécessaire. Et comme il serait bientôt hors de portée des communications sans fil, avec le faible appareil que son navire possédait, il décidait rapidement de renoncer à son trajet initial. Halifax était le port le plus proche, au point de vue de la distance, mais cela signifiait de naviguer au nord à travers la glace, et il pensait que les passagers ne voulaient plus en voir. Il décida donc de retourner à New York qu'il avait quitté le jeudi précédent. Il navigua toute l'après-midi en longeant le champ de glace qui s'étendait au nord aussi loin que le regard pouvait aller. Depuis, je me demandais si, éventuellement, nous n'aurions pas pu débarquer les passagers des canots de sauvetage sur cette banquise, si nous avions su qu'elle était là, et retourner chercher ceux qui étaient dans l'eau. Je pense que cela aurait été tout à fait faisable. Le spectacle, vu depuis le pont, devait être extraordinaire : la mer était couverte de glace solide, d'un blanc éclatant dans le soleil, parsemé ici et là d'icebergs. Nous étions près d'eux, seulement à deux ou trois cents mètres et naviguions parallèlement aux morceaux de banquise jusqu'à ce que cette dernière s'achève dans la nuit. Nous avions vu avec satisfaction le dernier des icebergs ainsi que le champ de glace qui s'estompait derrière. Beaucoup de rescapés ne voulaient pas voir, à nouveau, un iceberg. Nous avons appris par la suite que ce champ de glace était long de près de soixante-dix miles pour une largeur de douze miles et se trouvait en travers de la route du *Birma* venu à notre rescousse. M. Boxhall avait témoigné qu'il avait traversé les Grands Bancs de nombreuses fois, mais qu'il n'avait jamais vu de champs de glace avant. Les témoignages des capitaines et officiels des autres steamers naviguant dans le secteur, sont du même genre : ils n'avaient *jamais vu autant d'icebergs à cette époque de l'année*, ou, *jamais vu une telle banquise dangereuse, et des icebergs menaçants*. Sans doute, cette nuit-là, le *Titanic* a été confronté à la glace, à des conditions inhabituelles et inattendues. Le capitaine ne connaissait pas l'ampleur de ces conditions, mais il avait eu un peu connaissance de leur existence. Hélas, sans tenir compte des avertissements !

Pendant la journée, les corps de huit membres de l'équipage furent confiés aux abîmes. Quatre d'entre eux avaient été enlevés des bateaux, déjà morts, et quatre autres moururent pendant la journée. Les moteurs furent stoppés et tous les passagers, sur le pont, se découvraient la tête tandis qu'un bref service était lu. Puis, lorsqu'il fut terminé, le navire redémarra pour conduire les vivants à terre.

Les passagers du *Carpathia* étaient à pied d'œuvre pour trouver des vêtements pour les survivants. La boutique du barbier fut dévalisée de ses bandeaux, des colliers, des épingles, des peignes, etc., desquels se trouvaient en grand stock entre toutes les mains. Un bon samaritain fit le tour du navire avec une boîte de brosses à dents, et les offrait indistinctement à tous. Dans certains cas, des vêtements pour les dames ne pouvaient être trouvés, et elles passèrent le reste du temps à bord en robe de chambre et en manteaux, dans lesquels elles avaient quitté le *Titanic*. Elles avaient même dormi avec. En l'absence de couchettes, chaque soir, les femmes durent dormir sur les planchers du salon et de la bibliothèque, sur des *paillasses*[1] de paille et, ici, il n'était pas possible de se déshabiller correctement. Le fumoir fut proposé aux hommes et des couvertures offertes, mais la salle était petite et certains avaient préféré dormir sur le pont. J'ai trouvé une pile de serviettes posées sur le sol de la salle de bains, prête pour les bains du lendemain matin. Avec celles-ci, je m'étais confectionné un lit très confortable. Plus tard dans la nuit, un homme me réveilla pour m'offrir une couchette dans sa cabine qui comportait quatre places. Un autre occupant était incapable de quitter sa couchette pour des raisons physiques et ainsi, la cabine ne pouvait être proposée aux dames.

Le mardi, les survivants se réunirent dans le salon et formèrent un comité afin de voter en faveur d'une souscription destinée à recueillir des fonds afin de fournir, autant que possible, une aide aux plus démunis parmi les passagers de l'entrepont. Et aussi offrir une coupe de reconnaissance au capitaine Rostron et des médailles pour les officiers et l'équipage du *Carpathia*, et de partager le surplus pour l'équipage du *Titanic*. Les travaux de ce comité ne sont pas encore terminés (1er juin 1912), mais toutes les résolutions, sauf la dernière, ont été suivies et, maintenant, doivent recevoir l'attention du comité. Les présentations au

---

1. En français dans le texte original.

capitaine et à l'équipage ont été faites le jour où le *Carpathia* s'était détourné de sa route vers la Méditerranée pour revenir à New York. C'était un plaisir, pour les rescapés, de savoir que le Sénat américain a reconnu le service rendu à l'humanité par le *Caparthia*, et a voté l'attribution d'une médaille d'or pour le capitaine Rostron, en commémoration du sauvetage.

Pendant l'après-midi du mardi, j'ai visité l'entrepont en compagnie d'un compagnon de voyage, pour prendre les noms de tous les rescapés. Nous les avions regroupés par nationalités : Anglais, Irlandais et surtout Suédois, et appris d'eux leurs noms et leur lieu d'origine, le montant de l'argent qu'ils possédaient, et s'ils avaient des amis en Amérique. Presque aucune des filles irlandaises n'avait pu sauver leur argent et elles allaient chez des amis à New York ou dans les environs. Les passagers suédois, quant à eux, parmi lesquels se trouvait un nombre considérable d'hommes, avaient sauvé la plus grande partie de leur argent et, en plus, ils possédaient des billets de chemin de fer pour leurs destinations intérieures. La manière dont ces gens ont sauvé leur argent marquait une curieuse différence culturelle [1], pour laquelle je ne peux proposer aucune explication. Sans aucun doute, les filles irlandaises ne devaient jamais en avoir possédé beaucoup, sauf la somme nécessaire fixée par les lois d'immigration. Il y avait quelques cas pitoyables de femmes avec des enfants dont le mari était perdu, certaines avec un ou deux enfants sauvés et les autres perdus. Dans un cas, une famille entière était portée manquante et seulement un ami restait pour parler d'eux. Parmi le groupe des Irlandais, il y avait une fille d'une beauté vraiment remarquable, les cheveux noirs et les yeux violet profond avec de longs cils, très jeune, pas plus de dix-huit ou vingt ans avec des formes parfaites. Je pense qu'elle n'a perdu aucun parent sur le *Titanic*.

La lettre suivante, parue dans *The Times* de Londres, est reproduite ici pour montrer quel était notre sentiment à bord du *Carpathia* à propos de la perte du *Titanic*. Elle fut rédigée peu de temps après avoir reçu la confirmation précise, le mercredi, que des avertissements sur la

---

1. Dans le texte original, l'auteur parle de *différences raciales*… N'oublions pas que ce témoignage a été rédigé en 1912. De nos jours, il serait plus juste de parler de *différences culturelles*, ce qui est plus exact.

présence de glace avaient été envoyés au *Titanic*. Et nous avons tous senti que quelque chose devait être fait pour sensibiliser l'opinion publique sur la sécurité des voyages océaniques dans le futur. Nous n'avions pas conscience, bien sûr, combien le monde extérieur était au courant, et il semblait bien de faire quelque chose pour informer le public anglais de ce qui s'était passé, aussitôt qu'une opportunité se présentait. Je n'ai pas eu l'occasion de modifier les opinions exprimées dans cette lettre :

"Monsieur,

"En tant qu'un des Anglais rescapés du *steamship Titanic*, qui a coulé au milieu de l'Atlantique le lundi matin dernier, je vous demande de soumettre à vos lecteurs quelques faits concernant la catastrophe, dans l'espoir que quelque chose puisse être entrepris dans un proche futur pour assurer la sécurité de cette portion de voyageurs qui emprunte la route de l'Atlantique, pour affaires ou par plaisir.

"Je souhaite me désolidariser entièrement de tous les comptes-rendus qui cherchent à fixer la responsabilité sur quelqu'un, ou plusieurs personnes, ou une organisation, et tout simplement en attirant l'attention sur les faits en question dont l'authenticité est, je pense, au-delà de toutes questions et peut être établie devant n'importe quel tribunal, et permettre à vos lecteurs de tirer leurs propres conclusions quant aux responsabilités de la collision.

"Premièrement, qu'il était bien connu de ceux qui étaient en charge du *Titanic*, que nous étions dans une région d'icebergs, que les conditions atmosphériques et la température suggéraient la présence d'icebergs ; qu'un télégramme a été reçu venant d'un navire devant nous, nous avertissant qu'ils avaient été vus localement à la latitude et longitude qui nous ont été données.

"Deuxièmement, au moment de la collision, le *Titanic* marchait à une vitesse élevée.

"Troisièmement, les places [à bord des canots] étaient totalement insuffisantes pour les passagers et l'équipage, seulement pour un total d'environ neuf cent cinquante personnes. Cela donnait, avec le complément le plus élevé possible de trois mille quatre cents [passagers et membres d'équipage], moins d'une chance sur trois d'être secouru en cas d'accident.

"Quatrièmement, que le nombre embarqué sur le *Carpathia*, d'environ sept cents, est un pourcentage élevé des neuf cent cinquante places possibles, et apporte un excellent témoignage envers le courage, les ressources et le dévouement au devoir de la part des officiers et de l'équipage du navire. De nombreux cas de leur noblesse et d'abnégation personnelle sont en notre possession, et nous savons qu'ils ont fait ce qu'ils pouvaient, avec les moyens dont ils disposaient.

"Cinquièmement, que la pratique des vitesses élevées à travers des régions où règnent les brouillards et les icebergs, est commune à tous les paquebots. Ils fonctionnent presque comme des trains express, et ne peuvent pas, par conséquent, ralentir plus que de quelques nœuds en cas de danger possible.

"Je n'ai pas la connaissance ni l'expérience pour dire ce que je considère quels sont les remèdes qui doivent être appliqués, mais, peut-être, les suggestions suivantes pourront aider :

"*Premièrement*, aucun navire ne devrait être autorisé à quitter un port britannique sans proposer suffisamment de bateaux et de places pour permettre à chaque passager et membre d'équipage d'avoir un siège, et qu'au moment de la réservation, ce fait doit être signalé au passager, et de lui fixer alors le numéro du siège dans le bateau particulier qui lui est assigné.

"*Deuxièmement*, dès que possible après le départ, chaque passager doit passer par un exercice d'embarquement [sur les canots] en compagnie de l'équipage affecté à son bateau.

"*Troisièmement*, que chaque paquebot engagé dans le service transatlantique devrait avoir les instructions pour ralentir de quelques nœuds dans la région où se trouvent des icebergs et ils devraient être équipés d'un projecteur efficace.

"Cordialement,

Lawrence Beesley."

Il me semblait important, aussi, pendant que j'étais sur le *Carpathia*, de préparer un compte-rendu aussi précis que possible de la catastrophe et d'avoir celui-ci prêt pour être publié dans la presse afin de calmer l'opinion publique et d'éviter les récits inexacts et hystériques, que certains journalistes américains ont l'habitude de rédiger lors des occasions de ce genre. La première impression est souvent la plus permanente et, lors d'une catastrophe de cette ampleur, où l'information exacte et précise est donc nécessaire, la préparation d'un rapport est essentielle. Celui-ci à été rédigé dans divers coins du pont et du salon du *Carpathia*, et est tombé – cela semble très heureux – dans les mains des journalistes qui pouvaient le traiter au mieux, ceux de l'Associated Press. Je réalise que c'est le premier reportage qui leur parvenait, et il avait produit une bonne partie de l'effet escompté.

Le *Carpathia* retournait à New York en ayant rencontré presque tous les types de conditions climatiques : les icebergs, les champs de glace et le froid pour commencer, puis le soleil brillant et chaud, le tonnerre et la foudre au milieu d'une nuit (les coups suivaient si rapidement les éclairs que les femmes, dans le salon, bondissaient, alarmées, disant que des fusées étaient envoyées à nouveau), du vent froid la plupart du temps, du brouillard chaque matin et pendant une bonne partie du jour avec la corne de brume qui soufflait constamment, la pluie, la mer agitée et les embruns qui soufflaient par-dessus bord et passaient par les fenêtres du salon. Nous avions presque tout eu, sauf les mers chaudes et tempétueuses. Lorsqu'on nous annonça que le phare de Nantucket avait été aperçu le jeudi matin à partir de la passerelle, un grand soupir de soulagement fit le tour du navire et nous pensions que New York et la terre ferme pouvaient être atteints avant le lendemain matin.

Un bon nombre avait ressenti cette période d'attente de quatre jours comme très difficile, sans aucun doute. Le navire était bondé bien au-delà de ses limites de confort, le nécessaire pour l'habillement et la toilette manquait, mais, surtout, l'anticipation de retrouver les parents sur le quai avec, dans de nombreux cas, la connaissance que d'autres amis avaient été laissés derrière et ne reviendraient jamais chez eux. Quelques-uns attendaient avec impatience de retrouver leurs amis sur le quai, amenés là par un autre secours plus rapide, ceux à qui ils avaient dit *au revoir* sur le pont du *Titanic*. Ils disaient, ou en tout cas, laissaient entendre qu'ils nous suivaient dans un autre bateau. Un petit nombre, cependant, à la pensée des nombreuses heures d'immersion dans l'eau glacée, semblait peser contre une telle possibilité, mais nous les encouragions à espérer que le *Californian* et le *Birma* avaient pu en recueillir quelques-uns. Des choses curieuses s'étaient passées et nous avons tous vécu des expériences étranges. Mais, au milieu de ces sentiments tendus, un fait ressort de manière remarquable : personne n'était malade. Le capitaine Rostron a témoigné que le mardi, le médecin avait fait état d'une parfaite santé, hormis les engelures et les nerfs ébranlés. Il n'y avait aucune de ces maladies censées découler de l'exposition au froid, pendant des heures dans la nuit, et il faut se rappeler qu'un nombre considérable de rescapés avait dû nager quelque temps quand le *Titanic* avait coulé. Et qu'ensuite, ils étaient restés assis pendant des heures dans leurs vêtements mouillés, ou étendus sur un bateau renversé, avec l'eau de mer qui les arrosait jusqu'au moment où ils ont été pris dans une autre embarcation de sauvetage. Aucune scène de femmes en pleurs ou se ressassant leurs pertes, heure par heure, jusqu'à ce qu'elles deviennent folles de douleur. Et pourtant, tout cela a été dit à la presse par des personnes qui étaient à bord du *Carpathia*. Ces femmes ont vécu leur peine avec le plus sublime des courages ; elles sont venues sur le pont et parlaient avec leurs compagnons de voyage, hommes et femmes, face à face ; et au milieu de leurs pertes, elles n'oubliaient pas de se réjouir avec ceux qui avaient pu rejoindre leur mari sur le pont du *Carpathia*, ou étaient venus avec eux dans un bateau. Il n'y avait aucune nécessité, pour les personnes à terre, de nommer le *Carpathia* le *"bateau de la mort"*, ou d'envoyer des *coroners*[1] ou même des cercueils à l'embarcadère. Les rescapés étaient généralement en bonne santé, et ils ne le prétendaient pas autrement.

Maintenant, la terre était en vue et c'était bon de la voir à nouveau. Cela faisait huit jours que nous avions quitté Southampton, mais le temps semblait avoir *tendu le gouffre du destin*, et ces huit jours étaient devenus huit semaines. Ainsi, de nombreux incidents dramatiques s'étaient accumulés dans les derniers jours alors que les quatre premières journées, pacifiques, sans événements marquants pour rester gravés dans les mémoires, s'évanouissaient presque de nos souvenirs. Il fallait

---

1. Personne officielle chargée d'enquêter sur les causes d'un décès.

faire un effort pour revenir mentalement à Southampton, Cherbourg et Queenstown, comme si nous retournions à quelque événement de l'an passé. Je pense que nous avons tous réalisé que le temps peut être mesuré plus par les événements que par les secondes et les minutes : ce que l'astronome appellerait *02 heures 20, le 15 avril 1912*, les survivants diraient : *le naufrage du Titanic* ; les heures qui suivaient étaient désignées : *être à la dérive dans une mer ouverte* ; et *4 heures 30* devait être : *sauvés par le Carpathia*. L'horloge était mentale, et les heures, les minutes, les secondes, marquées profondément sur le visage, étaient *émotions, force* et *silence*.

Entouré de remorqueurs de toutes natures, à partir desquels (ainsi que de tous les bâtiments disponibles à proximité du fleuve) des bombes au magnésium étaient tirées par les photographes, tandis que des journalistes criaient pour avoir des nouvelles de la catastrophe et des photographies des passagers, le *Carpathia* s'arrimait lentement à son poste sur l'embarcadère de la Cunard. Les passerelles étaient jetées et nous pouvions enfin poser le pied sur le sol américain comme des gens très heureux, très reconnaissants.

L'état mental et physique des rescapés, lors de leur débarquement, a été, une fois de plus, largement exagéré. On nous décrivait *à moitié évanouis, demi-hystériques, au bord de l'hallucination*, ou *commençant maintenant à réaliser l'horreur*. Il est regrettable que de telles images fussent présentées au monde. Il y avait quelques scènes douloureuses de rencontre entre les parents de ceux qui ont été perdus, mais, encore une fois, les femmes ont montré leur maîtrise de soi, et, dans la plupart des cas, elles ont traversé cette épreuve avec un calme extraordinaire. Il est bien de constater que ce même compte-rendu a ajouté : « Quelques-unes, assez étrangement, sont calmes et lucides. » Si pour *quelques*, nous lisons *une large majorité*, alors ce sera plus proche de la véritable description de notre débarquement sur le quai de la Cunard à New York. Il semble n'y avoir aucune raison suffisante pour laquelle le récit d'une telle scène devrait essentiellement dépeindre la douleur et le chagrin, ou chercher chaque détail pour satisfaire l'horreur et le morbide dans l'esprit humain. Les premières questions que la foule nerveuse des journalistes demandait, tandis qu'ils se pressaient autour de nous, étaient de

Le capitaine Edward Smith

J. Bruce Ismay

Thomas Andrew

Charles Lightoller
et Herbert Pitman

savoir si c'était vrai que des officiers avaient tiré des coups de feu sur des passagers et ensuite sur eux-mêmes, et si les passagers se tiraient les uns sur les autres, si des scènes d'horreurs avaient été remarquées, et ce qu'il en était.

Il aurait été bien d'avoir remarqué l'état merveilleux de santé de la plupart des rescapés, leur gratitude envers ceux qui les avaient sauvés et les mille et une choses qui peuvent donner des motifs de réjouissance. Au milieu de la description d'un tel aspect hystérique de la scène, une place pourrait être trouvée pour l'*habituel*, et j'ose penser que l'*habituel* a été le trait dominant du débarquement dans la nuit. Dans le dernier chapitre, je vais essayer de rapporter la persistance de l'*habituel* à travers l'ensemble du désastre. Rien n'a été une plus grande surprise que de trouver des gens qui n'agissent pas, dans des conditions de danger et de chagrin, comme ils seraient généralement supposés agir – et je dois ajouter qu'ils ont été souvent décrits comme *agissant de cette sorte*.

Et ainsi, avec son travail de sauvetage bien fait, le bon navire, le *Carpathia*, retournait à New York. Chacun, qui était venu avec lui, chacun sur le quai, chacun qui a entendu parler de son voyage, sera d'accord avec le capitaine Rostron quand il dit : «Je remercie Dieu d'avoir été à portée de *voix sans fil*, et d'être arrivé à temps pour recueillir les survivants du naufrage.»

––––––

Phare à Brant Point, Nantucket, Massachusetts, construit en 1856.

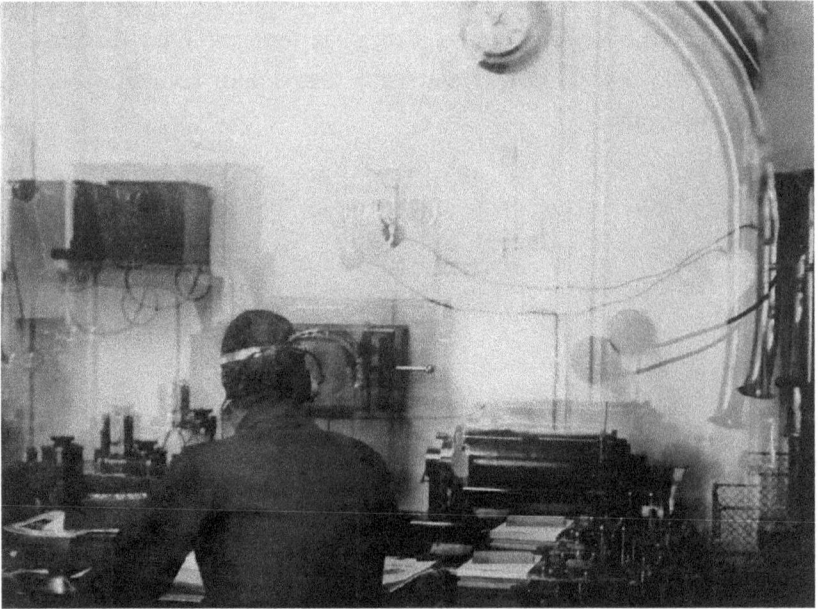
L'installation Marconi pour la télégraphie sans fil, à bord du *Titanic*.
L'opérateur Harold Bride est vu de dos.

CHAPITRE VIII

___

LES LEÇONS ENSEIGNÉES PAR LA PERTE DU TITANIC

L'une des choses les plus pitoyables dans les relations entre les êtres humains, l'action et la réaction d'événements qui sont appelés concrètement *vie humaine*, c'est que, de temps en temps, certains d'eux devraient être appelés à déposer leurs vies non pas dans le sens de l'*impératif*, le devoir calculé, comme celui qui inspire le soldat ou le marin, mais soudainement, sans aucune connaissance préalable ni avertissement de danger, sans aucune possibilité de s'en échapper, et sans avoir eu aucun désir de risquer de telles conditions de danger de leur propre volonté. C'est une tache sur notre civilisation que ces choses soient parfois nécessaires pour réveiller les responsables de la vie humaine de l'égoïsme léthargique qui les a gouvernés. Les deux mille passagers occasionnels du *Titanic* étaient montés à bord en pensant être sur un navire absolument sûr et, tout le temps, il y avait beaucoup de gens – concepteurs, constructeurs, experts, représentants du gouvernement – qui avaient connaissance de l'insuffisance de canots à bord, que le *Titanic* n'avait pas le droit d'aller aussi vite dans les régions d'icebergs ; que ces gens savaient tout cela et qu'aucune mesure ni promulgation de lois pour prévenir ce qui est arrivé n'avait été prise. Ils n'ont pas omis de faire ces choses volontairement, mais ils étaient bercés par un tel état d'inactions égoïstes qu'une telle tragédie était nécessaire pour les réveiller de leur léthargie. C'était une nécessité cruelle d'exiger que quelques-uns dussent mourir pour éveiller des millions d'autres au sentiment de leur propre insécurité, du fait que pendant des années, la possibilité d'un tel désastre était imminente.

Les passagers ne savaient rien de tout cela, et alors qu'aucune heureuse issue ne pouvait leur être servie en les associant à des histoires inutiles sur les dangers en haute mer, une chose est certaine : s'ils en avaient eu la connaissance, beaucoup n'auraient pas accepté de voyager dans de telles conditions, et, ainsi protégés, ils auraient aussitôt forcé les constructeurs, les entreprises et le gouvernement à agir. Mais des personnes, le sachant, n'avaient pas manqué d'attirer l'attention sur ces dangers. À la Chambre des Communes, la question a fréquemment été évoquée en privé ; un officier de la marine américaine, le capitaine E. K. Boden, a, dans un article qui a été largement reproduit, attiré l'attention sur les défauts de ce navire, le *Titanic*, le prenant comme exemple pour tous les autres paquebots, et a souligné qu'il n'était pas insubmersible et n'avait pas le nombre approprié de places dans les canots.

Désormais, la question de la responsabilité de la perte du *Titanic* doit être considérée, non dans l'idée de blâmer quiconque et fournir un bouc émissaire – ce serait une perte de temps –, mais si cela apporte un remède rapide et efficace, alors il faut le faire sans relâche, nous en avons le simple devoir, exigé pas moins par tous ceux qui ont été entraînés dans le fond avec le *Titanic*. Il ne peut être question de traiter en premier des précautions prises pour la sécurité du navire en dehors des dispositifs de sécurité. Je suppose que la responsabilité directe de la perte du *Titanic* et de tant de vies doit reposer sur son capitaine. Il devait établir sa route, jour après jour et heure par heure, déterminer la vitesse à laquelle avancer, et lui seul avait le pouvoir de décider si, oui ou non, celle-ci devait être réduite en raison des icebergs annoncés. Aucun officier n'avait le droit d'interférer sur la navigation même s'ils pouvaient, sans doute, être consultés. Aucun officier n'était impliqué dans la gestion de la ligne. M. Ismay, par exemple, était autorisé à donner des directives au capitaine sur ces questions et il n'y a aucune preuve qu'il n'ait jamais tenté de le faire. Le fait même que le capitaine d'un navire puisse avoir une telle autorité, absolue, augmente énormément sa responsabilité. Même en supposant que la White Star Line et M. Ismay lui avaient demandé d'établir un record – encore une hypothèse – ils ne peuvent pas être directement tenus pour responsables de la collision. Le capitaine était responsable de la vie de chacun à bord ; à part lui, personne n'était supposé estimer le risque de voyager à cette vitesse lorsque la glace était signalée devant lui. Son action ne peut être justifiée sur le terrain de la conduite prudente du navire.

Mais la question de la responsabilité indirecte soulève de nombreux problèmes à la fois, et, je pense, écarte le capitaine Smith d'une bonne partie des responsabilités personnelles sur la perte de son navire. Il sera bon de considérer certaines de ces questions.

En premier lieu, désabusons à nouveau nos esprits de la connaissance que le *Titanic* a heurté un iceberg puis sombré, laissons-nous seulement estimer les probabilités qu'une telle chose puisse se produire. Un iceberg est petit, il n'occupe que très peu de place comparée à la surface du vaste océan sur lequel il flotte. Les chances qu'un autre petit objet, comme un navire, entre en collision avec lui et soit coulé sont très minces, elles sont, en fait, d'une sur un million. Ce n'est pas une figure de rhétorique, c'est le risque réel de perte totale, suite à une collision avec un iceberg, qui est accepté par les compagnies d'assurances. Cet accident, ce *un sur un million*, a coulé le *Titanic*.

Quand bien même le capitaine Smith aurait été le seul à prendre ce risque, il aurait à supporter tout le blâme pour la catastrophe qui en a résulté. Mais il semble qu'il n'est pas le seul à prendre ce même risque, maintes et maintes fois les navires de ligne rapides le font dans le brouillard et les régions d'icebergs. Leurs capitaines ont pris ces risques, ces très grands risques, à de nombreuses reprises, et avaient gagné à chaque fois. Lui, il avait pris ce risque comme il l'avait fait plusieurs fois auparavant et là, il a perdu. Bien sûr, les risques de heurter un iceberg cette nuit-là étaient beaucoup plus grands que *le un sur un million*. Ils avaient été accrus par la position extrême sud, inhabituelle, des icebergs et des banquises, et par le nombre inhabituel de ces premiers. En pensant à la scène qui s'offrait à nos yeux depuis le pont du *Carpathia* après nous avoir embarqués – le grand nombre d'icebergs que l'œil pouvait apercevoir –, les chances *de ne pas en heurter un* dans l'obscurité de la nuit semblaient minimes. En effet, plus on réfléchit que le *Carpathia* était venu à pleine vitesse à travers ces icebergs dans l'obscurité, plus cela paraît inexplicable. Il est vrai que le capitaine avait accru la veille sur le pont, avec tous les sens de chacun de ses hommes en alerte afin de détecter le moindre signe de danger et encore, il n'allait pas aussi vite que le *Titanic* et avait plus de contrôle sur son navire. Mais, en admettant tout cela, il apparaît qu'il a pris un grand risque tandis qu'il tournait, obstiné, autour de ces horribles monstres de deux cents pieds, dans la nuit noire. Cela signifie-t-il que le risque n'était pas aussi grand que nous le supposions – anormal – et non du côté normal de prendre des risques avec les icebergs ? Il avait son propre navire et des passagers à considérer, et il n'avait pas le droit de prendre un risque aussi grand.

Mais le capitaine Smith pouvait ignorer que les icebergs étaient là en si grand nombre. Qu'il ait reçu des avertissements de leur présence n'est pas un fait encore complètement établi – il y avait probablement trois avertissements – mais il est fort improbable qu'il sût que des navires les avaient vus dans des quantités telles que nous les avions aperçus ce lundi matin. En fait, c'est impensable. Sans doute pensait-il prendre un risque *normal*, mais qui s'était avéré en être un autre, *extraordinaire*. En lisant quelques critiques, il semblerait qu'il avait délibérément lancé son navire, au mépris de tous les usages, dans une région infestée par les icebergs. Et il fit une chose que personne avant lui n'avait faite, qu'il avait outrepassé tous les précédents en ne ralentissant pas. Mais c'est clair qu'il ne le fit pas. Chaque capitaine qui a navigué à pleine vitesse dans les régions de brouillard et d'icebergs est à blâmer pour la catastrophe autant que lui. Ils sont passés, et pas lui. Les autres paquebots peuvent aller plus vite que le *Titanic* pouvait éventuellement le faire, s'ils avaient heurté la glace, ils auraient été accidentés encore plus profondément, car il ne faut pas oublier que la force de l'impact varie selon le *carré* de la vitesse, c'est-à-dire qu'elle est de quatre fois autant à seize nœuds qu'à huit nœuds, de neuf fois à vingt-quatre, et ainsi de suite. Avec une marge sur les horaires réduite, ces bateaux rapides doivent presque tout le temps aller à toute vitesse. Rappelez-vous comment ils font la publicité : « quittez New York mercredi, dînez à Londres le lundi suivant. » Et cela est réalisé réguliè-rement, un peu comme sont gérés les horaires des trains express. Les officiers, aussi, auraient été moins en mesure d'éviter une collision que le fut Murdock sur le *Titanic* ; en raison de la grande vitesse, ils seraient allés sur l'iceberg en moins de temps. Beaucoup de passagers peuvent dire que la traversée se faisait avec le brouillard sur une bonne partie du voyage et qu'ils n'ont eu que quelques heures de retard à la fin.

Ainsi, c'est l'habitude qui est fautive, et non un capitaine en particu-lier. L'habitude est établie en grande partie par la demande, aussi l'offre est la réponse à la demande. Le public l'exigeait de la White Star Line, et ainsi, à la fois le public et les lignes sont concernés par la question de la responsabilité indirecte. Chaque année, le public exige de plus en plus de grandes vitesses et aussi plus de confort. En cessant de fréquenter les navires à faible vitesse, ils ont progressivement contraint le rythme à devenir ce qu'il est actuellement. La grande vitesse n'est pas en soi une chose dangereuse, il est parfois beaucoup plus sûr d'aller vite que lentement. Mais, étant donné les possibilités actuelles et la stimulation exercée par la demande constante du public pour la grande vitesse, les circonstances surviennent lorsque le jugement, de ceux qui sont aux commandes d'un navire, en grande partie est influencé en faveur de la prise de risques, inconsciemment, sans doute. Ce que les paquebots plus petits ne prendraient jamais.

L'exigence sur le commandant d'un navire, comme le *Californian* par exemple, qui se traînait, éloigné de dix-neuf miles avec ses moteurs à l'arrêt, est infinitésimale, comparée à celle qui pesait sur le capitaine Smith. Un vieux voyageur, sur le *Carpathia*, m'expliquait qu'il a souvent râlé contre les officiers pour les *précautions absurdes* – comme il disait – *en mentant et en gaspillant son temps* qu'il considérait comme très précieux. Mais, après avoir appris la perte du *Titanic*, il a reconnu qu'il était, dans une certaine mesure, responsable de la vitesse à laquelle il avait voyagé et qu'il ne le referait plus. C'était l'un de ces voyageurs qui, constamment, exigeait de pouvoir faire son voyage dans le temps le plus court et avait *fait un scandale* à ce sujet, car il risquait d'être en retard. Il y a des hommes d'affaires pour qui cinq ou six jours à bord sont extrêmement pénibles et représentent un gaspillage de temps. Même une heure de gagnée à la fin du voyage est pour eux une considération. Et si la demande n'est pas toujours un choix conscient, elle est là comme un facteur inconscient, toujours à exhorter la plus grande vitesse dont le navire est capable. L'homme qui exige de se déplacer de manière déraisonnablement rapide doit, sans doute, prendre sa part dans cette responsabilité collective. Il veut voyager à une vitesse qui lui permettra de débarquer après quelque quatre jours, oubliant peut-être que Christophe Colomb a mis quatre-vingt-dix jours dans un bateau de quarante tonneaux, et qu'il y a seulement cinquante ans, les bateaux à aubes prenaient six semaines.

La demande est, tout le temps, plus forte, plus tendue. Le public réclame de la vitesse et du luxe, les lignes les proposent jusqu'à ce que la limite soit atteinte. À présent, le risque excessif a été pris et le *Titanic* a coulé. Chacun d'entre nous qui avons pleuré pour une plus grande vitesse doit prendre sa part dans la responsabilité. L'expression d'un tel désir et le mécontentement de ce que l'on appelle *voyages lents* sont la graine semée dans l'esprit des hommes, qui porte actuellement ses fruits vers une plus grande insistance sur la vitesse. Nous ne l'avons peut-être pas fait directement, mais nous en avons parlé et pensé, et nous savons qu'aucune action ne commence sans la pensée.

La White Star Line a été assez malmenée par certains de la presse, mais la plus grande partie de cette critique semble être injustifiée et découle dans la volonté de trouver un bouc émissaire. Après tout, cette compagnie proposait de meilleurs services pour les passagers du *Titanic* que toutes les autres lignes n'avaient fait ; pour eux ils avaient construit ce qu'ils croyaient être un canot de sauvetage énorme, insubmersible dans toutes les conditions ordinaires.

Ceux qui avaient embarqué sur le *Titanic* étaient presque certains d'être à bord du navire le plus sûr (avec l'*Olympic*). Celui-ci était, probablement, tout à fait à l'abri des effets ordinaires du vent, des vagues et des collisions en mer et les passagers n'avaient rien à craindre. En allant droit sur un rocher, ou pire, un iceberg flottant, les dommages sont les mêmes dans les deux cas. Mais l'iceberg représente un plus grand danger que le rocher, car celui-ci est répertorié et indiqué, tandis que l'iceberg ne peut l'être. Ainsi, la théorie du navire insubmersible disparaissant en même temps que le navire lui-même, nous devons nous souvenir que cette même théorie a servi un but utile sur le pont, ce soir-là : les risques de panique ont été en grande partie éliminés, évitant aux passagers de se précipiter dans les canots au risque d'en submerger certains d'entre eux. Je ne souhaite pas un instant suggérer que de telles choses puissent arriver, car plus les informations parvenaient aux personnes à bord, plus merveilleux semblait être la complète maîtrise que chacun avait de lui-même lorsque les derniers canots avaient disparu et qu'il n'avait rien d'autre sous leurs yeux que l'eau qui montait. Cette théorie, si plaisante soit-elle, n'était qu'une protection qui rendait ces comportements peu probables, car bâtie sur une fausse hypothèse.

Il n'existe aucune preuve que la White Star Line a donné l'ordre au capitaine de *pousser* le bateau ou d'établir des records ; il est peu probable que de telles tentatives ont été faites lors du premier voyage. Les instructions générales données aux commandants portent sur bien d'autres points, qu'il sera bien de citer en entier tels qu'ils furent délivrés à la presse pendant les séances de la Commission du Sénat américain.

Instructions aux commandants

Les commandants doivent clairement comprendre que la question de la réglementation ne constitue en aucun cas un moyen de les soulager de la responsabilité d'une navigation sûre et efficace pour leurs navires respectifs, et ils sont également enjoints à se rappeler qu'ils ne doivent prendre aucun risque qui pourrait, par toute possibilité, résulter en un accident pour leurs navires. Il est à espérer qu'ils garderont toujours à l'esprit que la sécurité des vies et des biens qui sont confiés à leurs soins est le principe directeur qui devrait les gouverner dans la navigation de leurs navires, et qu'aucun gain supposé, sur l'expédition ou le temps du voyage, n'est acheté sur le risque d'accident.

Il est à rappeler aux commandants que les paquebots sont, dans une large mesure, non assurés et sont leurs propres sources de revenus, aussi bien que le succès de la compagnie, et dépendent de l'immunité d'un accident. Toutes les précautions qui assurent une navigation sûre ne doivent pas être considérées comme excessives.

Rien ne devrait être plus évident que ces instructions, et si elles avaient été respectées, la catastrophe n'aurait jamais eu lieu. Ces instructions préviennent les commandants contre ce qui reste comme une menace pour leurs bateaux insubmersibles : le manque de *"précaution qui assure une navigation sûre"*.

En plus, la White Star Line s'était conformée à toutes les exigences du gouvernement britannique, leur navire avait été soumis à une inspection si rigide – comme l'avait remarqué un officier comme preuve – qu'elle était devenue une nuisance. Le *Board of Trade* emploie les meilleurs experts qui connaissent les dangers qui accompagnent les voyages océaniques et les précautions que doit prendre chaque commandant. Si ces précautions ne sont pas prises, il sera nécessaire de légiférer jusqu'à ce qu'elles le soient. Aucun automobiliste n'est autorisé à rouler à vive allure sur une voie publique dans des conditions dangereuses, et ce devrait être un délit pour un capitaine de faire de même en haute mer avec un bateau plein de passagers, à leur insu. Ces derniers ont confié leurs vies au gouvernement de leur pays, à travers ses réglementations, et ils ont droit à la même protection au milieu de l'Atlantique que s'ils étaient dans Oxford Street ou Broadway. La haute mer ne doit plus être considérée comme une zone neutre où les lois de police d'aucun pays ne peuvent opérer.

Bien sûr, il y a des difficultés dans la manière de rédiger les règlements internationaux, de nombreux gouvernements doivent être consultés, et beaucoup de problèmes semblent insurmontables, mais c'est le rôle pour lequel les gouvernements sont employés. C'est pour cette raison que les experts et les ministres des gouvernements sont nommés et payés, pour surmonter les difficultés des gens qui les nomment et les attendent, entre autres choses pour protéger leur vie.

Le gouvernement américain doit partager la même responsabilité, il est inutile de la fixer seulement sur le *British Board of Trade* sous le prétexte que les navires ont été construits en Angleterre et inspectés par des fonctionnaires britanniques. Ces navires ont, en grande partie, transporté des citoyens américains et ils entrent dans les ports américains. Il aurait été plus simple pour le gouvernement des États-Unis d'opposer son veto à l'entrée de tout navire qui ne se conforme pas aux lois de régulation de la vitesse dans des conditions de brouillard et d'iceberg, s'il avait promulgué de telles lois. Le fait est que la nation américaine n'a pratiquement aucune marine marchande et que, dans le temps d'une telle catastrophe comme celle-ci, il oublie qu'il a exactement le même droit, et donc la même responsabilité, que le gouvernement britannique à inspecter et légiférer, droit facilement applicable par le refus de permettre l'entrée dans un port. La régulation de la vitesse, dans les régions dangereuses, pourrait bientôt être entreprise par certaines flottes de navires de police internationale, avec le pouvoir d'arrêter si nécessaire tout navire reconnu coupable de course téméraire. Le devoir additionnel d'avertir les navires sur la localisation exacte des icebergs pourrait être effectué par ces bateaux. Il ne serait évidemment pas possible ni même souhaitable de fixer une *limitation de vitesse*, car la région des icebergs varie en position, les icebergs flottent vers le sud, modifiant le degré du danger quand ils fondent et disparaissent, et toute la question doit être largement laissée au jugement du capitaine sur place, mais il serait possible de faire une infraction à la loi en allant au-delà d'une certaine vitesse dans des conditions connues de danger.

Voilà pour la question de la régulation de la vitesse en haute mer. La question secondaire, concernant les dispositifs de sécurité, est régie par le même principe. En dernière analyse, ce n'est ni le capitaine ni les passagers, les constructeurs et les armateurs, mais les gouvernements, par leurs experts, qui doivent être tenus pour responsables sur la fourniture des dispositifs de sauvetage. Moralement, bien sûr, les armateurs et les constructeurs sont responsables, mais à présent la responsabilité morale est trop faible comme incitation dans les affaires humaines, qui est la partie misérable de toute cette malheureuse entreprise. Incitation pour les armateurs à prendre toutes les dispositions possibles pour les vies de ceux qui leur sont confiés ; de placer la sécurité humaine tellement au-dessus de toutes autres considérations qu'aucun plan ne doit être laissé de côté, aucun dispositif laissé sans être testé, par lequel les passagers peuvent évacuer un navire en perdition. Mais il n'est pas exact de dire, comme cela a été souvent fait, que c'est la cupidité et la chasse aux dividendes qui caractérisent la politique des compagnies de navigation dans leur incapacité à fournir des dispositifs de sauvetage. Ces derniers ne sont pas chers. Les compagnies rivalisent entre elles sur les questions de la vitesse, de la taille et du confort, pour rendre leurs lignes plus attrayantes. Elles sont assez justifiées de le faire, c'est le jeu de la concurrence ordinaire entre des entreprises commerciales.

Là où elles sont toutes échouées moralement, c'est de considérer que la vie de leurs passagers n'avait pas plus d'intérêts que toutes autres choses envisageables. Elles ne sont pas les seules à agir comme cela, des milliers d'autres personnes ont fait la même chose et je le fais aujourd'hui. Le gouvernement n'intervient pas dans les usines, les ateliers, les mines et n'insiste pas sur les précautions de sécurité. C'est un défaut dans la vie humaine d'aujourd'hui, l'insouciance envers le bien-être de nos semblables et, dans une certaine mesure, nous en somme tous coupables. C'est de la folie pour le public, de s'élever maintenant et condamner les compagnies maritimes, leur échec est l'échec commun de l'immoralité de l'indifférence.

Le remède est la loi, et c'est elle seule, à l'heure actuelle, qui va vraiment accomplir quelque chose. La loi britannique sur ce sujet date de 1894 et n'oblige qu'à une vingtaine de canots seulement pour un navire de la taille du *Titanic*. Les armateurs et les constructeurs ont obéi à cette loi et s'acquittent ainsi de leurs responsabilités juridiques. Augmentez cette responsabilité, et ils vont s'en acquitter à nouveau. Et l'affaire est terminée, pour autant que les dispositifs sont concernés. Il faudrait peut-être mentionner que, sur une période de dix ans seulement, neuf passagers ont été perdus sur les navires britanniques... La loi semble suffisante, en fait.

La position du gouvernement américain, cependant, est pire que celle du gouvernement britannique. Ses règlements exigent qu'il y ait plus du double de canots que ne le demandent les règlements britanniques, et pourtant, il a permis que des centaines de milliers de ses sujets entrent dans ses ports, sur des navires qui ont défié ses propres lois. Si leur gouvernement n'avait pas été coupable de la même indifférence, les passagers n'auraient pas été autorisés à monter à bord d'un navire britannique en manque de places sur des canots, par le simple fait, à nouveau, de leur refuser l'entrée dans le port. La réponse du gouvernement britannique, devant le comité sénatorial, accusant le *Board of Trade d'insuffisances sur les exigences et des inspections laxistes*, pourrait être : « vous avez une loi, cela vous regarde ! »

Il sera bien, maintenant, d'examiner brièvement les différents dispositifs possibles afin d'assurer la sécurité des passagers et de l'équipage, et, ce faisant, il faut se rappeler que le citoyen ordinaire a le même droit que l'expert d'examiner et de discuter de ces affaires. Celles-ci ne sont pas si techniques qu'elles peuvent empêcher quiconque d'en comprendre leur construction. En utilisant le terme dans son sens large, nous viennent d'abord :

Les portes et les compartiments étanches

Il est impossible ici d'entreprendre une discussion sur les détails exacts de la structure de ces pièces d'un navire, mais afin d'illustrer brièvement quel est le but de ces cloisons, nous pouvons prendre le *Titanic* en exemple. Le navire est divisé en seize compartiments par une quinzaine de parois transversales en acier, appelées cloisons (voir les figures en fin d'ouvrage). Si un trou est fait dans le flanc du navire, dans un compartiment, les portes étanches en acier scellent seulement les ouvertures de ce compartiment endommagé, l'isolant du reste du navire qui peut rallier la terre en toute sécurité. Des navires ont même pu venir dans le port le plus proche pour être inspectés après une collision et il n'avait été trouvé qu'un seul compartiment rempli d'eau et aucun autre dommage ; ou encore, les laisser rejoindre leur port d'attache sans se soucier d'évacuer les passagers et d'effectuer les réparations.

La conception des cloisons du *Titanic* appelle à une certaine réflexion. Le *Scientific Americain*, dans un excellent article comparant les systèmes de mise en sécurité des compartiments du *Titanic* avec d'autres types de dispositifs, attire l'attention sur ses faiblesses suivantes, en cas de collision possible avec un iceberg. Le *Titanic* n'avait pas de cloisons longitudinales le subdivisant en petits compartiments, qui empêcheraient l'eau de remplir la totalité d'un grand compartiment. La longueur d'un compartiment était probablement, aussi, trop grande, cinquante-trois pieds [1].

Le *Mauretania*, d'autre part, en plus des cloisons transversales, est équipé de cloisons torpilles longitudinales, et l'espace entre elles et les flancs du navire, est utilisé comme soute à charbon. Et aussi, dans le *Mauretania*, toutes les cloisons sont prolongées à l'étage supérieur alors que, dans le cas du *Titanic*, elles atteignent, dans certaines parties seulement, le pont des salons, d'autres un pont inférieur. La faiblesse de ceci fait que, quand l'eau atteint le sommet d'une cloison tandis que le navire coule par l'avant, le compartiment se remplit et vient le tour du suivant. L'Amirauté britannique, qui a subventionné le *Mauretania* et le *Lusitania*, pour être des croiseurs rapides en temps de guerre, a insisté sur ce type de construction, qui est considérée comme étant nettement

---

1. Environ 16 mètres.

supérieure à celle qui était utilisée sur le *Titanic*. L'auteur de cet article estime qu'il est possible que ces deux navires puissent ne pas sombrer à la suite d'une collision semblable. Mais il estime que le navire idéal, du point de vue de la conception des cloisons, a été le *Great Eastern*, construit il y a quelques années par le célèbre ingénieur Brunel. Son système de compartiment a été si approfondi, divisé et subdivisé par de nombreuses cloisons transversales et longitudinales que, quand ce navire fut déchiré par un trou de quatre-vingts pieds de long sur son flanc en heurtant un rocher, il avait pu rejoindre le port en toute sécurité. Malheureusement, le poids et le coût de cette méthode ont été si importants que son plan, par voie de conséquence, a été abandonné.

Cependant, il est injuste de dire que la conception du *Titanic* était une grave erreur de la part de White Star Line ou ses constructeurs, au motif que ses cloisons n'étaient pas aussi bien conçues que celles du *Lusitania* ou du *Mauretania*, qui étaient, quant à elles, faites pour répondre à la réglementation de l'Amirauté britannique pour le temps de guerre. C'est un risque extraordinaire qu'un bâtisseur de paquebot, en tant que tel, ne peut s'attendre à prendre en considération lors de la conception d'un navire. Il faut garder à l'esprit que le *Titanic* a rencontré des conditions exceptionnelles lors de la nuit de la collision ; il était probablement le navire à flot le plus sûr, dans toutes les conditions ordinaires. La collision avec un iceberg n'est pas un risque ordinaire, mais ce désastre conduira probablement à modifier toute la conception des cloisons et des compartiments vers le type du *Great Eastern*, afin d'inclure le risque du *un sur un million*, ce risque de collision avec un iceberg et la perte du navire.

Ici vient la question de l'augmentation des coûts de construction et, aussi, la grande perte en espace de chargement, qui peuvent amener à une diminution des profits. Pour les passagers, ces deux facteurs pourraient se traduire par une augmentation du coût du voyage. Ce public voyageur aura à affronter – et sans aucun doute il sera prêt à le faire – la satisfaction de savoir que ce qui a été tant affirmé avec confiance par les passagers sur le pont du *Titanic* lors la nuit de la collision, sera alors tout à fait vrai, que « *nous sommes sur un bateau insubmersible* », pour autant que la prévoyance humaine peut le concevoir. Après tout, ceci doit être la solution au problème *d'assurer la sécurité en mer de la meilleure façon*.

Les autres dispositifs de sauvetage sont utiles et nécessaires, mais inutilisables dans certaines conditions météorologiques. Le navire lui-même doit toujours être, selon l'expression, le seul dispositif de sauvetage vraiment digne de confiance, et rien ne doit être négligé pour le garantir.

Appareils sans fil et opérateurs

La portée de l'appareillage pourrait bien être étendue, mais le principal défaut est l'absence d'un opérateur durant le service nocturne sur certains navires. Le terrible fait que le *Californian,* se trouvant à quelques miles de là, capable de sauver chaque âme à bord, n'avait pas pu capter le message, car l'opérateur était endormi, semble cruel pour insister. Même sur le *Carpathia*, l'opérateur était sur le point de se retirer lorsque le message arrivait, et nous aurions été plus longtemps sur l'eau avec le risque que certains canots soient submergés, s'il n'avait pas pris le message à ce moment. Il a été suggéré que les officiers puissent avoir une connaissance pratique de la télégraphie sans fil, et c'est sans doute une sage décision. Cela permettrait de superviser de plus près le travail des opérateurs et, de toute évidence, cela semble être une nécessité. L'échange de messages d'une importance vitale entre un navire en perdition et ceux qui se précipitent à son secours devrait se faire sous le contrôle d'un officier expérimenté. Pour ne prendre qu'un exemple, M. Bride a témoigné qu'après avoir envoyé le message CQD[1] au *Birma* et donné la position puis obtenu une réponse, ils avaient un contact avec le *Carpathia* et pendant qu'ils parlaient avec lui, ils ont été interrompus par le *Birma* qui demandait quel était le sujet. Sans doute était-il du devoir du *Birma* de venir immédiatement sans se poser de questions. Mais la réponse du *Titanic,* disant à l'opérateur du *Birma* de ne pas faire l'*imbécile* en interrompant la conversation, semble avoir été un gaspillage inutile de précieux instants. De répondre : «nous coulons !» aurait pu être une réponse plus rapide, surtout quand, selon leur propre estimation de la force des signaux, ils pensaient que le *Birma* était le navire le plus proche. Il est bien de constater que certains grands paquebots ont déjà une équipe de trois opérateurs.

---

1. Signer Marconi a indiqué que ce code a été abandonné au profit du SOS.

Appareils de signalisation sous-marins

Il y a des occasions où un appareil sans fil est inutile comme moyen rapide de sauver des vies en mer. L'une de ses faiblesses est qu'avec le système employé à l'heure actuelle, lorsque les moteurs sont arrêtés, les messages ne peuvent plus être envoyés. Il faut se rappeler que les messages du *Titanic* se sont progressivement affaiblis puis ont cessé quand le navire s'est arrêté avec les moteurs coupés. Encore une fois, dans le brouillard – et la plupart des accidents se produisent dans le brouillard – tandis que le sans-fil informe de l'accident, il ne permet pas d'être localisé par un navire assez proche pour recueillir aussitôt ses passagers. Il n'existe pas encore de méthode connue par laquelle la télégraphie sans fil donne la direction d'un message. Lorsqu'un navire est dans le brouillard pendant un temps considérable, il lui est plus difficile de donner sa position exacte à un autre navire venant apporter de l'aide.

Rien ne pourrait mieux illustrer ces deux points que l'histoire sur la manière dont le *Baltic* a trouvé le *Republic*, en 1909, dans un épais brouillard au large du phare de Nantucket, lorsque ce dernier était à la dérive sans pouvoir manœuvrer, après une collision avec le *Florida*. Le *Baltic* avait reçu un message donnant les conditions du *Republic* et l'information qu'il était en contact avec Nantucket par l'intermédiaire d'une cloche sous-marine qu'il pouvait entendre sonner. Le *Baltic* se dérouta pour se diriger dans le brouillard vers la position. Il capta le message sous-marin de Nantucket et commença à chercher le *Republic*. Il lui a fallu douze heures pour retrouver le navire endommagé, en zigzaguant à travers un cercle à l'intérieur duquel il pensait que le *Republic* pouvait se trouver. Dans une mer agitée, il est douteux que le *Republic* puisse rester à flot assez longtemps pour que le *Baltic* le retrouve et recueille tous ses passagers.

Maintenant, sur ces deux occasions où la télégraphie sans fil a été jugée non fiable, l'utilité de la cloche sous-marine devient apparente. Le *Baltic* aurait infailliblement pu aller vers le *Republic*, à travers le brouillard dense, si celui-ci avait été équipé d'une cloche sous-marine d'urgence. Il serait bien, peut-être, de passer un peu de temps à décrire l'appareillage de signalisation sous-marine et de voir comment ce résultat a pu être obtenu : douze heures d'angoisse dans un épais brouillard à bord d'un navire si gravement endommagé qu'il pouvait sombrer par la suite, est une expérience où chaque dispositif connu de l'invention humaine devrait être engagé pour éviter cela.

La signalisation sous-marine n'a jamais reçu l'attention du public, à la différence de la télégraphie sans fil, pour la raison qu'elle n'est pas si facilement présente à l'esprit populaire. Qu'elle soit une nécessité absolue pour tous les navires transportant des passagers, ou d'autres chargements d'ailleurs, est au-delà de la question. C'est une garantie supplémentaire qu'aucun navire ne peut se permettre de ne pas avoir.

Il existe de nombreuses occasions où l'atmosphère échoue lamentablement comme moyen de transporter des messages. Lorsque le brouillard tombe en un instant, comme cela arrive parfois, sur des centaines de navires qui font du cabotage sur nos côtes, des moyens qui sont facilement utilisables par temps clair deviennent inutiles dans le brouillard. Ces centaines de phares et feux qui servent de signaux d'alertes lumineuses, et pour lesquels des sommes de plusieurs millions ont été dépensées, sont, dans ce cas, aussi inutiles pour le navigateur que s'ils n'existaient pas. Il serait tout aussi impuissant que celui qui naviguait avant 1514, lorsque la Trinity House accorda une charte de Henry VIII pour le *soulagement ... de l'expédition de ce royaume d'Angleterre*, initiant un système de feux sur les côtes, dont la chaîne actuelle de phares et de feux est le résultat.

La corne de brume n'est pas meilleure : la présence de différentes couches de brouillard et d'air, et leurs densités différentes qui provoquent la réflexion et la réfraction du son empêchent l'air d'être un support fiable pour son utilisation. Là, la signalisation sous-marine ne présente aucun de ces défauts, car le milieu aquatique n'est soumis à aucune condition variable comme l'air. Sa densité est pratiquement invariable et le son se propage à travers l'eau de mer à la vitesse de mille cinq cents mètres par seconde, sans déviation ni réflexion.

Cet appareillage se compose d'une cloche destinée à sonner soit par voie pneumatique à partir d'un bateau-phare, soit électriquement à partir du rivage (la cloche elle-même étant sur un trépied installé au fond de la mer), automatiquement à partir d'une cloche-bouée flottante, ou manuellement à partir d'un navire ou d'un canot. Le son de la cloche se déplace dans toutes les directions, comme les vagues dans un bassin, et tombe, peut-être, sur les flancs d'un navire. L'appareil de réception est fixé à l'intérieur de la coque du navire et se compose d'un petit réservoir en fer de quarante centimètres de côtés et quarante-cinq centimètres de profondeur. La face avant en fer, qui est contre la coque du navire, est manquante et ce réservoir, rempli d'eau, est boulonné sur la structure et fermement scellé contre la paroi du navire par une face en caoutchouc. Ainsi, une partie de la coque métallique du navire est baignée par la mer d'un côté et l'eau du réservoir de l'autre. Les vibrations d'une cloche qui sonne à distance tombent sur le flanc métallique, voyagent à travers la coque et frappent sur deux microphones suspendus dans le réservoir. Ces microphones transmettent le son le long des fils jusqu'à la salle des cartes, où des téléphones transmettent le message à l'officier de service.

Il y a deux réservoirs, ou *récepteurs*, montés contre les flancs du navire, l'un à bâbord et l'autre à tribord près de la proue, et aussi bas que possible en dessous de la ligne de flottaison. La direction des sons venant des micros suspendus dans ces réservoirs peut être estimée par commutation alternée entre les réservoirs bâbord et tribord. Si le son est d'une grande intensité sur le côté bâbord, alors la signalisation de la cloche vient du côté bâbord de la proue, et pareil pour le côté tribord.

Le navire se dirige vers le son jusqu'à ce que le signal émis par les deux récepteurs soit du même volume, indiquant que la cloche est repérée droit devant. Ainsi, la précision de cette pratique permet à un opérateur formé de diriger son navire à travers le brouillard dense directement vers un bateau-phare ou de tout autre point où une cloche sous-marine envoie son avertissement sous la mer. Il faut répéter que le milieu dans lequel ces signaux sont retransmis n'est soumis à aucune des limites et variations imposées par l'atmosphère et l'éther comme support pour la transmission de la lumière, des éclats d'une corne de brume et les ondes de la télégraphie sans fil. À l'heure actuelle, la principale utilisation de la signalisation sous-marine se fait à partir de la côte ou d'un bateau-phare vers les navires en mer, et non de navire à navire, ou d'un navire vers la côte. En d'autres termes, les navires ne transportent que les appareils récepteurs et seuls les phares utilisent des appareillages de signalisation.

Sur nos côtes, certains phares possèdent déjà ces cloches sous-marines, en plus de leurs feux, et par mauvais temps, les cloches envoient leurs messages pour avertir les navires de la proximité d'un point dangereux. Cette invention permet aux navires de capter le son des cloches tout du long d'une côte et ils peuvent naviguer dans la brume dense presque aussi bien que dans la lumière du jour. Les paquebots arrivant dans un port n'ont pas à errer aveuglément, à tâtons, dans le brouillard. En disposant d'un code de sonneries et à en juger par l'intensité du son, il est possible de dire, presque exactement, où se trouve un navire par rapport à la côte ou certains phares. Le rapport de l'Amirauté britannique, en 1906, a déclaré : « Si les phares le long de la côte étaient équipés de cloches sous-marines, il serait possible pour les navires équipés d'appareils de réception de naviguer dans le brouillard avec une certitude presque aussi grande que par temps clair. » La remarque suivante, d'un capitaine engagé sur le service de cabotage, est instructive. Il lui avait été demandé de réduire les dépenses en omettant l'appareillage de signalisation sous-marine, mais il a répondu : « J'aurais plutôt enlevé le sans-fil. Ce dernier me permet seulement de dire aux autres où je suis. Le signal sous-marin me permet de savoir où je suis moi-même. »

La portée de cet appareil n'est pas aussi large que celui de la télégraphie sans fil, elle varie de dix à quinze miles pour un navire de grande taille (même si, dans quelques cas, il est reporté qu'elles peuvent atteindre vingt ou trente miles), et de trois à huit miles pour un petit navire. À l'heure actuelle, l'appareil récepteur n'est installé que sur quelque six cent cinquante navires de la marine marchande, lesquels sont pour la plupart des paquebots de première classe. Il n'est pas question qu'il soit installé avec un sans-fil sur tous les navires de plus de mille tonnes de jauge brute. La fourniture d'un appareil de signalisation à bord des navires est aussi importante, c'est évidemment aussi nécessaire de transmettre un signal que de le recevoir, mais à présent, l'envoi de signaux à partir des navires n'a pas été perfectionné. L'invention d'un appareil de transmission de signal destiné à être utilisé pendant que le navire est en croisière n'en est qu'au stade expérimental. Mais tandis que le navire est à l'arrêt, une cloche similaire à celles utilisées par les phares, peut-être immergée le long de son flanc et actionnée à la main avec exactement le même effet. Mais les paquebots de ligne n'en sont pas équipés (elles ne coûtent que soixante livres !). Comme il est mentionné précédemment, une autre, de soixante livres, consacrée à l'équipement du *Republic*, aurait permis au *Baltic* de capter le son et d'être piloté directement vers lui, tout comme les deux navires avaient entendu la cloche du phare de Nantucket. Encore une fois, si le *Titanic* avait été équipé d'une cloche et le *Californian* d'appareils de réception – aucun ne l'était – l'officier sur le pont aurait pu entendre les signaux provenant des téléphones proches.

Une cloche plus petite, pour une utilisation dans les canots de sauvetage, pourrait être entendue par les appareils de réception sur une distance approximative de cinq miles. Si on avait accroché une de ces cloches sur le côté des embarcations de sauvetage cette nuit-là, nous aurions été libérés de l'angoisse d'être coulé en nous trouvant sur le chemin du *Carpathia*, sans lumière. Ou, si nous étions allés à la dérive dans un brouillard dense, errant à des miles de distance les uns des autres sur la mer (comme nous aurions dû le faire inévitablement), le *Carpathia* aurait pu recueillir chaque canot individuellement par le moyen des signaux des cloches.

Dans ces navires munis d'appareils de réception, au moins un officier doit avoir l'obligation de connaître le fonctionnement de l'appareillage, une précaution très sage et comme il est suggéré plus haut, elle devrait être prise également à l'égard de la télégraphie sans fil.

J'avais eu un grand plaisir de voir tous ces appareillages en fabrication, et l'un d'eux en usage sur l'un des principaux ouvrages de signalisation sous-marine en Amérique. Et aussi d'entendre quelques-unes des histoires remarquables de sa valeur dans la pratique réelle. J'étais frappé par la pertinence de la devise adoptée par eux : *"De profundis clamavi*[1]*"*, en relation avec la fin du *Titanic* et les appels de nos passagers dans la mer quand il a coulé. « *Des profondeurs, j'appelai vers Toi* » est en effet une devise adaptée pour ceux qui font tout ce qu'ils peuvent pour éviter que de tels appels viennent de leurs semblables, hommes et femmes, *des profondeurs*.

---

1. *De profundis clamavi ad Te Domine*, sont les premières paroles du psaume 130 (ou 129).

Position des itinéraires des paquebots

Les *routes* le long desquelles naviguent les paquebots de ligne sont fixées selon des accords entre les compagnies de navigation, en consultation avec les départements hydrographiques des différents pays. Ces itinéraires sont disposés de telle sorte que les paquebots allant vers l'est sont toujours à un certain nombre de miles de ceux qui se dirigent vers l'ouest, éliminant entièrement le danger de collision entre les routes est et ouest. Les *voies* peuvent être déplacées plus au sud si les icebergs menacent, et remontées au nord dès que ce danger est écarté. Bien sûr, plus ces routes sont placées au sud, plus longs sont les voyages et le temps passé à bord, avec pour conséquence la grogne de certains passagers. Par exemple, depuis la catastrophe du *Titanic*, les couloirs ont été déplacés de cent miles plus au sud, ce qui représente un trajet de cent quatre-vingts miles supplémentaires, soit huit heures de plus. La seule précaution réelle contre les collisions avec des icebergs est de naviguer au sud des régions où ils sont susceptibles d'être présents, il n'y a pas d'autres moyens.

Les canots de sauvetage.

Le nombre de canots mis à disposition était, bien évidemment, très insuffisant. La seule solution est d'affecter, à chaque passager et membre d'équipage, un siège numéroté dans un canot désigné.

Il semblerait bien d'avoir ce numéro souligné au moment de la réservation d'une couchette et de disposer dans chaque cabine d'un plan montrant où est situé ce canot désigné et comment y accéder de la façon la plus directe, une considération très importante sur un navire comme le *Titanic* avec plus de deux miles de surface de pont. Des exercices d'embarquement pour les passagers et l'équipage doivent être tenus, sous la contrainte, dès que possible après la sortie du port. J'avais demandé à un officier de la possibilité d'avoir un tel exercice immédiatement après le retrait des passerelles et avant que les remorqueurs ne soient autorisés à déplacer le navire hors du quai, mais il m'avait répondu que les difficultés étaient presque insurmontables à un tel moment. Ainsi, l'exercice devrait être effectué par sections dès que possible après le départ et devrait être mené de manière approfondie. Les enfants, à l'école, sont soudainement appelés à passer par les exercices d'incendie, et il n'y a aucune raison que les passagers à bord d'un navire ne doivent pas suivre le même entraînement. Donc, tout dépend de l'ordre et de la disponibilité en temps de danger. Sans doute, toute la question des effectifs, de l'approvisionnement, du chargement et de la descente des embarcations de sauvetage doit être entre les mains d'un officier expert, qui ne devrait pas avoir d'autres tâches. Le paquebot moderne est devenu trop grand pour permettre au capitaine d'exercer le contrôle sur l'ensemble du navire ; toutes les subdivisions d'une importance vitale doivent être contrôlées par une autorité distincte. Il semble être d'une ironie amère de se rappeler que sur le *Titanic* se trouvait un chef spécialement engagé à un salaire élevé – peut-être plus élevé que celui de tout autre officier – et qu'aucun chef de bord (ou quelque officier comme tel) n'a été jugé nécessaire. Le système général toujours, et non la négligence criminelle comme certaines critiques hâtives le diraient, mais le manque de considération pour nos semblables, la mise à disposition d'attractions luxueuses au détriment de la bienveillante prévoyance n'autorisent aucune négligence dans les précautions, même envers les plus humbles des passagers. Cependant, il ne faut pas oublier que de placer suffisamment de canots sur le pont ne signifie pas qu'ils pourront être tous lancés facilement, ou que tous les passagers soient évacués en toute sécurité. Il faut se rappeler que des conditions idéales pour le lancement des canots depuis le pont du *Titanic* prévalaient cette nuit-là. Il n'y avait pas de gîte qui empêchait les canots de partir, ils pouvaient être lancés des deux côtés, et quand ils furent descendus dans la mer si calme, ils s'étaient éloignés sans qu'un seul ne se fracasse contre le flanc, ce qui est possible dans les mers agitées. Parfois, cela voulait dire que seuls les canots sur le côté abrité d'une grosse mer pouvaient partir et cela réduirait, par conséquent, de moitié le nombre de canots disponibles. Et une fois les bateaux lancés, il pouvait y avoir le danger de submersion dans une mer démontée. Tout bien considéré, dans certaines conditions, les canots de sauvetage pourraient être la solution de sauvegarde la plus pauvre. Les radeaux de sauvetage sont réputés être bien inférieurs aux canots dans une mer agitée, et les bateaux pliables en bois mince et toile peuvent se délabrer dans une exposition aux intempéries, ce sont des pièges à un moment critique.

Certaines de ces embarcations de sauvetage devraient être équipées de moteurs, pour pouvoir remorquer et garder ensemble les canots si nécessaire.

La mise à l'eau est aussi une question importante. Les bossoirs du *Titanic* ont fonctionné à merveille et ils ont, sans aucun doute, largement contribué à ce que tous les bateaux s'éloignent en toute sécurité. Ils étaient de loin supérieurs à ceux présents sur la plupart des paquebots.

Flotteurs

Après le naufrage du *Bourgogne*, où deux Américains perdirent la vie, un prix de quatre mille livres a été offert par leurs héritiers pour concevoir le meilleur dispositif de sauvegarde applicable aux navires en mer. Un conseil s'était tenu pour examiner divers engins envoyés par les concurrents et, enfin, le prix fut décerné à un Anglais, dont la conception prévoyait une structure plane de la largeur du navire, qui pourrait être mise à flot lorsque cela serait nécessaire et pourrait accueillir plusieurs centaines de passagers. Aucune ligne n'a adopté ce dispositif. D'autres conceptions similaires sont connues, par lesquelles la totalité du pont arrière peut être repoussée de la poupe par un système de cliquets, avec des réservoirs d'air placés en dessous en guise de bouée. Cela semble être une suggestion pratique.

Un point sur lequel la direction du *Titanic* a lamentablement échoué, c'est de ne pas avoir fourni un équipage bien formé pour chaque embarcation de sauvetage. La manœuvre des avirons a été, dans beaucoup des cas, exécrable. Il n'y a pas plus de raison qu'un steward puisse être plus capable de manier l'aviron qu'un passager, moins que certains passagers qui ont été perdus, des hommes habitués à toutes sortes de sport de loisirs, y compris l'aviron, et en plus, sans doute, en meilleur en forme physique qu'un employé de la ligne pour passer des heures en haute mer. Et si un steward ne peut pas ramer, il n'a pas le droit d'être à la rame ; de sorte que la règle non écrite disant que les passagers ont préséance sur l'équipage quand il n'y a pas suffisamment de place pour tous (une situation qui ne devrait jamais être autorisée à se présenter à nouveau : un membre de l'équipage doit avoir la même opportunité de sauver sa vie qu'un passager), la majorité des stewards et cuisiniers devait rester en arrière et les passagers venir à leur place. Ils ne pouvaient pas être moins utiles, et ils auraient pu être de trop. Il faut se rappeler que la proportion des membres de l'équipage qui a été sauvé par rapport aux passagers était de deux cent dix pour quatre cent quatre-vingt-quinze, soit une forte proportion. Un autre point qui découle de ces chiffres, à déduire vingt et un membres de l'équipage qui étaient des hôtesses, et cent quatre-vingt-neuf hommes, est laissé à l'encontre des quatre cent quatre-vingt-quinze passagers. Parmi ceux-ci, certains étaient sur le bateau repliable renversé après le naufrage du *Titanic,* et quelques autres furent recueillis par des embarcations de sauvetage, mais ils étaient en tout peu nombreux. Maintenant, avec les dix-sept bateaux qui sont allés vers le *Carpathia* et une moyenne de six membres de l'équipage pour manœuvrer chaque bateau, probablement une moyenne plus élevée que ce qui a été réalisé – nous obtenons un total de cent deux personnes qui auraient dû être sauvées, à opposer aux cent quatre-vingt-neuf qui l'ont été effectivement. Il y avait, comme on le sait, des chauffeurs et des stewards dans les bateaux qui n'étaient pas membres des équipages des embarcations de sauvetage. Cela peut sembler cruel d'analyser les chiffres de cette manière, et de suggérer que certains membres de l'équipage qui ont rejoint le *Carpathia* n'auraient jamais dû le faire, mais, après tout, les passagers ont pris leur passage sous certaines règles – écrites ou non – et ceux qui, dans les moments de dangers, sont les serviteurs des navires de la compagnie sur lesquels ils naviguent doivent d'abord veiller à la sécurité des passagers avant de penser à eux-mêmes. Il n'y avait que cent vingt-six passagers hommes de sauvés contre cent quatre-vingt-neuf de l'équipage, et six cent soixante et un hommes de perdus contre six cent quatre-vingt-six de l'équipage, de sorte que l'équipage représentait un pourcentage plus élevé que les passagers hommes sauvés, vingt-deux pour cent contre seize.

Mais les compagnies maritimes sont confrontées à de réelles difficultés dans cette affaire. Les équipages ne sont jamais les mêmes pour deux voyages. Ils signent pour un voyage et peuvent alors, peut-être, poser leur sac à terre et prendre une place comme serveur, chauffeur dans la chaufferie d'un hôtel, etc., et ensuite reprendre la vie à bord d'un autre navire lorsque le désir leur vient de prendre la mer à nouveau. En aucune manière, ils ne peuvent être considérés comme faisant partie d'une équipe homogène soumise à une discipline régulière et éduquée, propre à apprécier le moral d'un paquebot particulier, comme peut l'être un homme d'équipage sur un navire de guerre.

Projecteurs

Ceux-ci semblent être d'une nécessité absolue et c'est étonnant qu'ils n'aient pas été installés avant sur tous les paquebots. Non seulement ils sont utiles pour l'éclairage de la mer sur une longue distance devant, mais, en tant que signaux lumineux, ils permettent de communiquer avec d'autres navires. Au moment où j'écris, on peut voir à travers la fenêtre les éclairs des paquebots fluviaux qui sillonnent l'Hudson à New York, chacun examinant le fleuve avec son projecteur, l'éclairant jusqu'à la berge sur des centaines de mètres d'avance et mettant chaque objet à sa portée dans son importance. Ces projecteurs sont aussi utilisés sur le canal de Suez. Je suppose qu'une chose est sûre, c'est que la collision aurait pu être évitée si un projecteur avait été installé sur le mât du *Titanic*, les conditions climatiques étaient idéales cette nuit-là pour son utilisation. Il y a d'autres choses que les icebergs, des épaves sont signalées de temps en temps et les pêcheurs se trouvent dans les couloirs de navigation, sans lumière. Cependant, les projecteurs ne seraient pas toujours d'un usage pratique. Ils ne seraient d'aucun service sous une pluie battante ou dans le brouillard, sous la neige ou les embruns, et parfois ils peuvent éblouir les yeux des vigies.

Puisque j'écris à propos des vigies du *Titanic*, une grande omission a été faite en ne leur fournissant pas de lunettes. L'opinion générale des officiers semblait qu'il était préférable de ne pas les fournir, mais plutôt de s'appuyer sur une bonne vue et des hommes bien éveillés. Après tout, dans une question de pratique réelle, l'avis des officiers doit être accepté comme définitif même s'il semble, pour le terrien, que la meilleure chose était de proposer des lunettes.

Bateaux-feux

Un ou deux, internationalement détenu et contrôlé, dotés de tous les dispositifs connus en matière de signalisation et de communication, priveraient ces régions de la plupart de leurs terreurs. Ils pourraient observer et cartographier la position des icebergs, rapporter leur position exacte, la quantité et la direction de la dérive quotidienne dans les courants changeants où ils se trouvent. À eux également pourrait être confié le devoir de patrouille de police.

———

Plus près de toi, mon Dieu…
Illustration de presse, 1912.

CHAPITRE IX

QUELQUES IMPRESSIONS & LEÇONS

Personne ne peut vivre un événement comme le naufrage du *Titanic* sans garder en mémoire des émotions nombreuses, profondes et vives, de ce qui a été vu et ressenti. Dans la mesure où de telles émotions sont bénéfiques pour l'humanité, nous ne pouvons les ignorer. Ce chapitre va essayer d'imaginer ce que les gens pensaient et ressentaient dès l'instant où ils ont entendu parler de la catastrophe, lors du débarquement à New York, lorsqu'il y avait une possibilité de juger les événements avec du recul. Alors que, dans une certaine mesure, ce livre est un reportage personnel, les émotions ressenties par d'autres rescapés ont été comparées, et jugées, dans de nombreux cas, très similaires. Naturellement, ce témoignage est imparfait et ne prétend n'être rien de plus qu'une esquisse de la manière dont les personnes agissent sous l'influence de fortes émotions, lorsqu'elles sont confrontées à un danger imminent.

En premier lieu, le fait principal qui ressort est l'absence presque complète de toutes les expressions de peur ou d'alarme de la part des passagers, et le conformisme aux habitudes de la part de presque tout le monde. Je pense qu'il n'est pas exagéré de dire que ceux qui, tranquillement à la maison, lisaient les rapports de la catastrophe et imaginaient la scène du naufrage ressentaient plus l'horreur que ceux qui se tenaient sur le pont, voyant le navire s'enfoncer centimètre par centimètre. Le fait est que, pour les passagers, la sensation de peur n'était venue que très lentement, en raison de l'absence de tout signe visible de danger et de la nuit paisible. Graduellement, il devenait évident que le navire avait subi des dommages importants. Cette peur, qui montait avec la connaissance du danger, avait été en grande partie détruite comme elle venait. Il n'y avait pas, dans les pensées, cette sensation écrasante d'un danger immédiat, qui arrivait si rapidement qu'il était difficile à saisir et de lutter avec lui. Pas besoin de l'avertissement *d'avoir peur d'une peur soudaine*, comme cela aurait pu se produire si nous avions subi une collision frontale accompagnée d'un fracas et d'un choc tel qu'il aurait jeté tout le monde hors de sa couchette sur le plancher. Chacun avait eu du temps pour prêter attention à chaque condition de danger qui se présentait, et le résultat de ce jugement était, comme cela avait été dit : « Eh bien, voici la chose à affronter, nous devons la regarder aussi calmement que nous le pouvons. » Le calme et la maîtrise de soi ont été incontestablement les deux qualités les plus exprimées. À un moment, le danger surgissait de plus près, et il y avait eu, temporairement, une certaine agitation, par exemple lorsque la première fusée fut envoyée, mais après la première prise de conscience de sa signification, la foule s'était emparée de la situation et, aussitôt, elle avait repris l'attitude tranquille qu'elle avait auparavant. Face à la peur, qui est une sensation fluctuante, il était évident que chacun réagissait différemment. Et ceci pour sa propre sécurité, réalisant tout à fait inconsciemment qu'il fallait absolument rester calme en écartant la notion de danger autant qu'il était possible de le faire. Cette sensation curieuse, également, que toute cette affaire *étant un rêve* ait été très importante. Tous voyaient la scène à partir d'un point stratégique, dans une position de parfaite sécurité ; et ceux qui se promenaient sur les ponts ou attachaient la ceinture de sauvetage d'un autre étaient les acteurs d'une scène dont nous avons été les spectateurs. Et lorsque ce rêve allait bientôt se terminer, nous devions nous réveiller pour voir que la scène avait disparu. Beaucoup de gens, face à un danger, ont eu une expérience similaire, mais cela était très perceptible sur le pont du *Titanic*. Je me souviens de l'avoir observé, notamment en attachant la bouée de sauvetage d'un homme sur le pont. Il est heureux qu'il en soit ainsi : être capable d'avoir un regard impartial sur une telle scène est une merveilleuse manière de détruire la peur qui va avec. La quiétude de l'environnement était l'un des éléments qui a considérablement aidé à établir cette condition de discipline. C'est peut-être lassant de s'y référer une fois de plus, mais je suis convaincu que cela a joué un rôle important pour maintenir tout le monde dans le calme. Le navire était immobile, il n'y avait pas un souffle de vent, le ciel clair, la mer comme un étang. L'*atmosphère* générale était pacifique et, inconsciemment, tout le monde à bord y avait répondu. Mais ce qui avait permis de contrôler la situation était surtout la qualité d'obéissance et de respect de l'autorité, qui sont des caractéristiques dominantes de la culture germanique. Les passagers ont fait ce que les officiers responsables leur demandaient de faire : les femmes sont allées vers les ponts en bas, les hommes sont restés là où on leur avait demandé d'être, et ils attendaient en silence les ordres suivants, sachant instinctivement que c'était la seule manière d'apporter le meilleur résultat pour tous, à bord. Les officiers, à leur tour, ont réalisé les tâches que leurs supérieurs leur avaient assignées, aussi rapidement et ordonnés que les circonstances le permettaient : les plus âgés contrôlaient la manœuvre, le remplissage et la descente des embarcations de sauvetage tandis que les officiers subalternes étaient individuellement descendus dans les bateaux pour prendre le commandement de cette flotte mise à la dérive sur la mer. De même, les machinistes en bas, l'orchestre, le moniteur dans le gymnase, tous accomplissaient leurs tâches comme elles devaient l'être, ordonnées, tranquillement, sans se poser de question ou s'arrêter pour considérer quelles étaient leurs chances de salut. Cette corrélation de la part des passagers, des officiers et de l'équipage a été tout simplement le résultat de l'obéissance au devoir ; c'était plutôt instinctif et non le produit d'un jugement motivé.

J'espère que cela ne nuira pas, en aucune manière, à l'héroïsme de ceux qui ont affronté si courageusement le dernier plongeon du *Titanic* lorsque tous les canots étaient partis. Si tel est le cas, c'est la difficulté d'exprimer une idée avec les mots adéquats. Autrement dit, leur héroïsme tranquille était largement inconscient, fantasque, et non un choix raisonné entre deux manières d'agir. Tout ceci était visible sur le pont avant que les bateaux ne partent, et tendait vers cette conclusion. Les témoignages de ceux qui ont plongé avec le navire, puis secourus par la suite, vont dans le même sens.

Certes, la noblesse de caractère s'exprime beaucoup parmi des gens qui partagent une même culture, même s'ils sont de nationalités différentes. L'héroïsme est, chez eux, une qualité inconsciente, qui ne surgit pas comme une volonté d'effort, consciencieusement mise en évidence.

Certains articles ont essentiellement cherché à faire la chronique d'actes d'héroïsme individuels. C'est regrettable. Le comportement collectif d'une foule est beaucoup plus important et, bien plus encore, un test – si un test est désiré – de voir comment se comporte une catégorie de personnes. La tentative d'enregistrer les actes individuels produit apparemment de faux rapports, comme celui décrivant le Major Butt qui tenait à distance une foule de passagers avec un revolver, et tirant dessus alors qu'ils tentaient de se précipiter dans les canots. Ou, celui du capitaine Smith qui criait dans un mégaphone : « Sois britannique ! » et, par la suite, le premier officier Murdock se suicidait. C'est seulement une conception morbide des faits qui pouvait permettre de décrire de tels incidents comme héroïques. Chacun sait que le Major Butt était un homme courageux, mais son acte d'héroïsme pourrait ne pas être mis en valeur si lui, un officier de l'armée entraîné, avait été contraint, par les ordres du capitaine, de tirer sur des passagers non armés. Dans d'autres conditions, cela aurait pu être nécessaire, mais n'aurait rien d'héroïque. De même qu'il pourrait n'y avoir aucun héroïsme dans le fait que le capitaine Smith ou Murdock mettent un terme à leur vie. Il est concevable que des hommes tellement submergés par la sensation de désastre ne sussent plus comment agir, mais, pour être vraiment héroïques, ils auraient stoppé le navire – ainsi qu'ils l'ont fait, bien sûr – avec l'espoir d'être recueillis avec les passagers et l'équipage, et revenir pour affronter une enquête et donner des preuves qui seraient d'une valeur suprême pour le monde entier sur la prévention de catastrophes similaires. Ce n'était pas possible, mais si l'héroïsme consiste à faire le plus grand bien au plus grand nombre, pour ces deux officiers-là, il pourrait être héroïque de s'attendre à être sauvé. Nous ne savons pas ce qu'ils pensaient, mais pour l'un, je veux imaginer ce qu'ils ont fait. L'officier en second, M. Lightoller, avait travaillé sans interruption sur les canots, jusqu'au dernier instant possible ; il avait plongé avec le navire et fut sauvé d'une manière qui semble miraculeuse. Il était revenu pour donner des preuves précieuses devant les commissions des deux pays.

Le deuxième fait qui se démarque nettement dans les émotions produites par la catastrophe, c'est que, dans l'urgence, les hommes et les femmes se tournent pour demander de l'aide vers *quelque chose* qui est entièrement en dehors d'eux. Je me souviens avoir lu, il y a quelques années, l'histoire d'un athée qui était invité au dîner du mess d'un régiment, en Inde. Le colonel écoutait ses remarques sur l'athéisme en silence et l'invitait pour une promenade le lendemain matin. Il mena son invité dans une voiture légère, tirée par deux poneys, sur une route de montagne difficile. Brusquement, à une certaine distance de la plaine ci-dessous, la voiture fit demi-tour et les poneys semblaient prendre la fuite vers la descente. Dans la terreur de voir survenir une catastrophe, l'athée était sorti de ses convictions raisonnées et priait à voix haute pour obtenir de l'aide lorsque le colonel arrêta ses poneys, en lui faisant remarquer que toute cette promenade avait été planifiée dans l'intention de lui prouver qu'il y avait une puissance en dehors de sa propre raison. Ils étaient revenus en bas, tranquillement.

L'histoire peut être véridique ou non, en tout cas elle n'est pas présentée comme une attaque contre l'athéisme, mais pour illustrer de manière frappante la fragilité de la dépendance du propre pouvoir de l'homme et de ses ressources face à un danger imminent. Pour ces personnes qui se tenaient sur le pont supérieur avec tous les canots affalés – et plus encore lorsqu'ils étaient tous partis – il y eut la réalisation que les ressources humaines étaient épuisées et les possibilités d'évasion fermées. Avec cela venait la demande à toutes les connaissances que chacun avait d'une Puissance qui avait créé l'univers. Après tout, une quelconque Puissance avait fabriqué les étoiles qui brillaient au-dessus de nous, à d'innombrables miles de là ; elles se déplaçaient dans un ordre déterminé, formées sur un plan précis et obéissant à une loi définie. Cette Puissance avait créé chacun des passagers avec la capacité de penser et d'agir. La meilleure preuve après tout, d'être créé, c'est avoir conscience de sa propre existence. Et maintenant, s'il y avait un moment pour cela, c'était l'instant de faire appel à ce pouvoir. Lorsque les canots avaient quitté le navire et l'avaient vu sombrer rapidement, les hommes se tenaient en groupe sur le pont, engagés dans la prière et, plus tard, comme certains d'entre eux gisaient sur le bateau repliable renversé, ils répétaient ensemble, encore et encore, la *Prière du Seigneur*, indépendamment des croyances religieuses – certains n'avaient peut-être aucune croyance – unies dans un appel commun pour les délivrer de leur environnement. Et ce n'était pas par habitude, parce *qu'ils avaient appris cette prière sur les genoux de leur mère*, les hommes n'agissent pas ainsi par habitude. C'était ainsi, car chacun d'eux avait vu disparaître les mille et un moyens sur lesquels compter : humains, choses matérielles, pour l'aider – y compris même la dépendance à ce bateau renversé, avec ses bulles d'air à l'intérieur qu'à tout instant une vague un peu plus forte pouvait retirer quand elle inclinait trop le bateau latéralement, et le couler. Chacun était dans un complet dénuement sous la dépendance absolue de quelque chose qui l'avait fait et donné le pouvoir de penser – qu'il l'ait appelé Dieu, ou la Puissance divine, ou la Cause première, ou Créateur, ou aucun nom du tout – il l'avait inconsciemment reconnu et vu ces choses, les exprimant sous la forme des mots qu'il connaissait le mieux en commun avec ses compagnons. Il l'avait faite non dans un sens du devoir envers sa religion particulière, non parce qu'il avait appris les paroles, mais parce qu'il avait reconnu que c'était la meilleure façon de le faire, la mieux adaptée pour l'aider. Les hommes agissent de manière pragmatique dans ces moments-là, ils n'avaient pas d'instants à gaspiller par de simples paroles, si elles n'étaient pas l'expression d'une conviction la plus intensément réelle, dont ils étaient capables. Encore une fois, comme le sentiment d'héroïsme, cet appel est inné et intuitif, il repose certainement sur une conception, sans doute en grande partie cachée, de l'immortalité. Je pense que cela est évident ; il n'y aurait pas d'autres explications d'un tel sentiment d'angoisse général, que toutes les émotions de l'esprit humain s'expriment de mille façons différentes, par un millier de personnes différentes, en faveur de cet appel unique.

Le comportement des gens durant ces heures dans les canots de sauvetage, le transfert sur le *Carpathia*, la vie à bord et le débarquement à New York, tout cela peut être résumé en disant que les passagers n'ont pas agi du tout comme ils étaient censés le faire, ou plutôt comme la plupart des gens s'y attendaient qu'ils le fassent et, dans certains cas, ils l'avaient dit à tort. Les événements étaient là pour être affrontés et non pour écraser les gens. Les situations qui se présentaient demandaient du courage, de la ressource et, dans le cas de ceux qui avaient perdu des amis les plus chers pour eux, d'énormes maîtrises de soi, mais, très étonnamment, ils y ont répondu. Il y avait le même comportement calme et de sang-froid, la même domination innée sur les circonstances, la même conformité à un critère normal qui a caractérisé la foule des passagers sur le pont du *Titanic*, et ce, pour les mêmes raisons.

Les deux ou trois premiers jours à terre ont été, sans aucun doute, pour quelques-uns des survivants, plutôt pénibles. C'était comme s'ils venaient à nouveau au monde – quatre jours coupés de toutes nouvelles semblaient longs – et de se retrouver face au choc que la catastrophe avait produit : les drapeaux en berne, les gros titres sur les journaux, la sensation notable de morosité partout, ont rendu les choses pires que ce qu'elles avaient été sur le *Carpathia*. La différence d'*atmosphère* était bien marquée et, dans une certaine mesure, les gens cédaient sous elle et sentaient la réaction. La gratitude pour leur délivrance et un désir de *faire la meilleure des choses* doivent avoir vite aidé, cependant, pour les ramener à des conditions normales. Il n'est pas surprenant que certains rescapés se sentissent plus tranquilles à bord du *Carpathia*, en l'absence de nouvelles du monde extérieur. L'extrait suivant d'un grand quotidien du soir new-yorkais donnait une impression du *climat* qui régnait à terre :

"*Abasourdis par l'impact formidable, les passagers hébétés se précipitaient hors de leurs cabines luxueuses vers la salle principale, au milieu du fracas de l'acier qui éclatait, des plaques et des poutres métalliques qui se déchiraient, tandis que le grondement de la chute des pinacles de glace sur les ponts brisés du grand vaisseau s'ajoutait à l'horreur … Au milieu d'une foule ingouvernable, ils sortaient en masse des salons pour assister à l'une des scènes les plus atroces qui soient possibles de concevoir … Sur une centaine de pieds, la proue était une masse informe de métal plié, brisé et fragmenté.*"

Et ainsi de suite, l'horreur entassée sur l'horreur, et pas un mot de vrai ou qui s'approchait à quelque distance de la vérité.

Ce quotidien était déjà en vente dans les rues de New York alors que le *Carpathia* s'amarrait et que les proches des personnes à bord attendaient sur les quais pour les retrouver. Dans l'impatience, ils achetaient tous les journaux qui pouvaient apporter des nouvelles. Personne, à bord du *Carpathia*, n'aurait pu fournir de telles informations. La seule conclusion possible était que tout ce sensationnel délibéré était fait pour vendre des journaux.

Ce même défaut de la nature humaine qui se répète, nous l'avons remarqué pour la mise en place de dispositifs de sécurité à bord des navires et ce manque de considération pour autrui. Le remède est le même : la loi. Quiconque diffuse des mensonges délibérément, provoquant la peur et le chagrin, doit être en infraction criminelle. La responsabilité morale de la presse est très grande, et son devoir de fournir au public des informations propres et correctes est également primordial. Si le public n'est pas encore prêt à refuser d'acheter ces journaux qui publient de telles nouvelles, pour en arrêter la publication, alors la loi doit être étendue pour inclure de tels cas. La diffamation est une infraction et cette affaire est de loin la pire que toutes autres diffamations ne pourraient l'être.

Il faut, néanmoins, ajouter que la majorité des journaux new-yorkais a pris soin de reporter de telles nouvelles comme celles-ci, seulement en les ayant obtenues légitimement auprès des survivants ou des passagers du *Carpathia*. Ces articles étaient souvent exagérés, parfois pas vrais du tout, mais en rapportant ce qui a été entendu, la plupart ont été tout à fait corrects.

Nous devons mentionner encore ceci : la prévalence des croyances superstitieuses concernant le *Titanic*. Je suppose qu'aucun navire n'a jamais quitté le port avec un tel misérable non-sens qui pleuvait sur lui. En premier lieu, il n'y a aucun doute que beaucoup de gens refusèrent de naviguer à son bord, car c'était son voyage inaugural ; c'est, apparemment, une superstition courante. Même l'agent du bureau de la White Star Line, à qui j'ai acheté mon billet, a admis que c'était une raison qui empêchait des gens de naviguer. Un certain nombre de personnes ont écrit à la presse qu'ils avaient pensé voyager sur le *Titanic*, ou avaient décidé de le faire, mais en raison de *présages*, ils avaient annulé leur passage. Beaucoup faisaient référence à la malchance qui s'acharnait sur le *sister-ship* l'*Olympic*, sa collision avec le croiseur *Hawke* et une autre mésaventure nécessitant des réparations et une attente au port durant laquelle les passagers ont été abandonnés. Ces gens prophétisaient même une catastrophe encore plus grande pour le *Titanic*, et disaient ne pas rêver de voyager sur ce navire. Certains même, à bord, étaient très nerveux, d'une manière indéfinie. Une dame n'avait pas souhaité prendre ce navire, mais, ses amis ayant insisté, elle a acheté son billet. Depuis, elle n'avait pas eu un moment de bonheur. Un ami me raconta sa traversée sur l'*Olympic* depuis Southampton, et il disait qu'il y avait un sentiment de morosité générale dans tout le navire, les stewards et les hôtesses allaient même jusqu'à dire qu'il s'agissait d'un *navire de mort*. Cet équipage, soit dit en passant, a été largement transféré à bord du *Titanic*.

L'incident avec le *New York* à Southampton, l'apparition du chauffeur par la cheminée à Queenstown, tout cela se combine pour faire une masse de non-sens à laquelle des gens, apparemment censés, croient ou, en tout cas, en parlent. Dans une correspondance entre un officiel de la White Star Line et certaines personnes, celles-ci les imploraient de ne pas nommer le nouveau navire *Gigantic*, car ce serait comme *tenter le sort* alors que le *Titanic* avait sombré. Cela nous semblerait presque comme si nous étions de retour au Moyen Âge, où les sorcières étaient brûlées parce qu'elles gardaient des chats noirs. Il n'y a pas plus de raisons pour qu'un chauffeur noir de fumée soit un mauvais présage pour le *Titanic* qu'un chat noir devrait l'être pour une vieille femme.

La seule raison de faire référence à ces détails insensés est qu'un nombre surprenant de personnes pensent qu'il peut y avoir *quelque chose en cela*. L'effet est le suivant : si une compagnie maritime et un nombre de passagers s'imprègnent de cet effroi indéfini de l'inconnu – les reliques, sans doute, de la peur sauvage de ce que l'on ne comprend pas – il a un effet désagréable sur le travail harmonieux du navire. Les officiers et l'équipage peuvent ressentir cette influence déprimante, qui peut même se répandre aussi loin à les empêcher d'être aussi alertes et vifs qu'ils le seraient autrement. Elle peut même entraîner que certaines tâches ne soient pas menées aussi bien que d'habitude. Tout comme la demande inconsciente pour la vitesse et la hâte de traverser l'Atlantique pourrait tenter des capitaines de prendre des risques qu'ils n'auraient pas fait autrement. Ainsi, ces sombres pressentiments ont, parfois, plus d'effet que ce que nous pouvons l'imaginer. Ces détails peuvent peser sur la balance du *pour* ou *contre* d'une certaine ligne de conduite à tenir.

Pour clore ce chapitre à propos des émotions, il est important de répéter qu'un sentiment reste constant parmi nous, chaque jour ; c'est la reconnaissance, la gratitude d'être revenus en toute sécurité du naufrage du *Titanic*. Son corollaire, l'héritage de ce naufrage, est notre dette envers ceux qui ont été perdus avec le *Titanic*. Nous avons le devoir, autant qu'il nous est possible de le faire, que de tels événements soient à jamais impossibles. En attendant, nous pouvons dire d'eux, comme Shelley, lui-même victime d'une semblable catastrophe, en parlant de son ami Keats dans *Adonaïs* :

"Paix, paix ! Il n'est pas mort, il ne dort pas

…

Il a été réveillé de ce rêve de vie

Il vit, il se réveille …

…

C'est la Mort qui meurt, pas lui

Ne pleurez pas pour Adonaïs." [1]

— FIN —

1. William Shelley, *An Elegy on the Death of John Keats*, écrit en 1821.

1er avril 1912
Essais en mer reportés en raison des mauvaises conditions météo.

2 avril 1912
Premiers essais en mer. Appareillage en fin de journée pour rejoindre Southampton.

4 avril 1912
Le *Titanic* accoste à Southampton.

10 avril 1912
12 h. Départ de Southampton.
17 h 30. Arrivée à Cherbourg.

11 avril 1912
Queenstown, Irlande.
13 h 30. Départ vers New York.

14 avril 1912
23 h 40. Collision avec l'iceberg.

15 avril 1912
2 h 20. Le *Titanic* s'enfonce dans l'océan.
4 h. Le *Carpathia* embarque les premiers rescapés.

18 avril 1912
Le Carpathia arrive à New York et les rescapés débarquent.

Route du *Titanic* depuis Belfast
jusqu'à la traversée de l'Atlantique

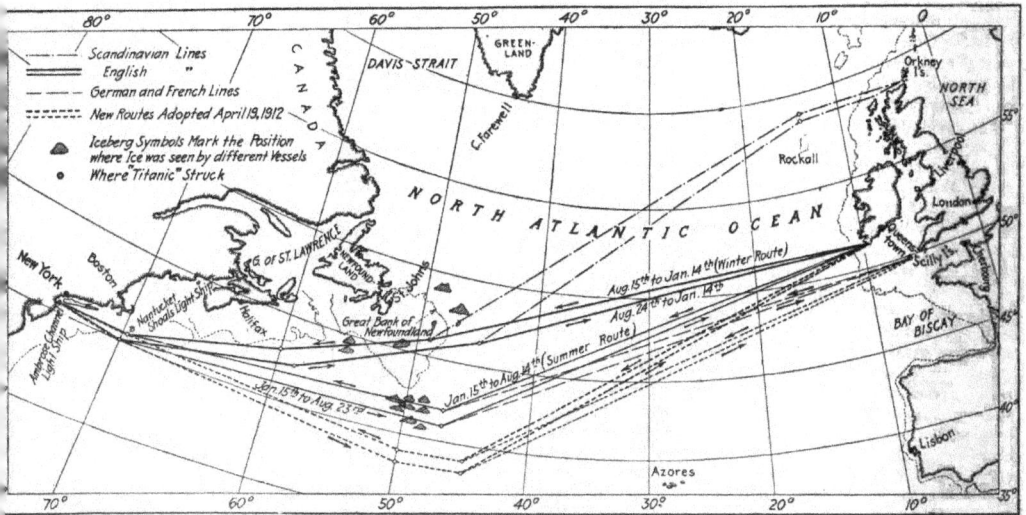

Carte de l'Atlantique nord, montrant les nouvelles routes d'été, empruntées par les paquebots.

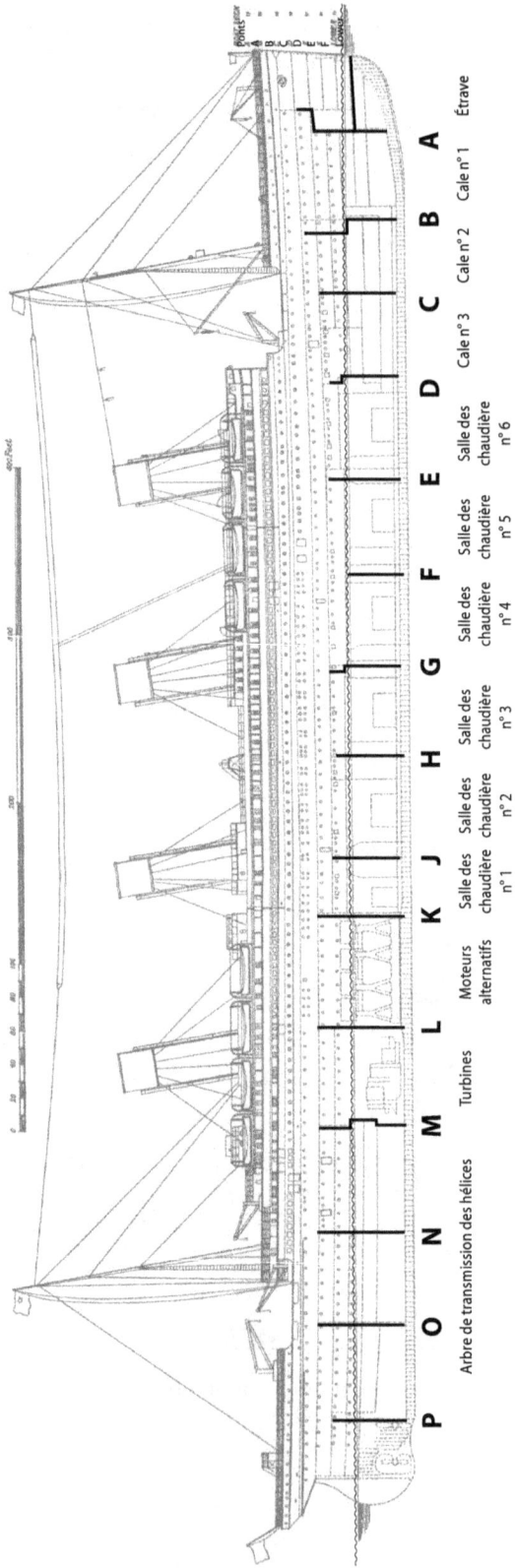

Figure 1. – Diagramme des compartiments étanches du *Titanic*.
Salles des machines – Chaudières – Cales

P O N M L K J H G F E D C B A

Arbre de transmission des hélices · Turbines · Moteurs alternatifs · Salle des chaudière n° 1 · Salle des chaudière n° 2 · Salle des chaudière n° 3 · Salle des chaudière n° 4 · Salle des chaudière n° 5 · Salle des chaudière n° 6 · Cale n° 3 · Cale n° 2 · Cale n° 1 · Étrave

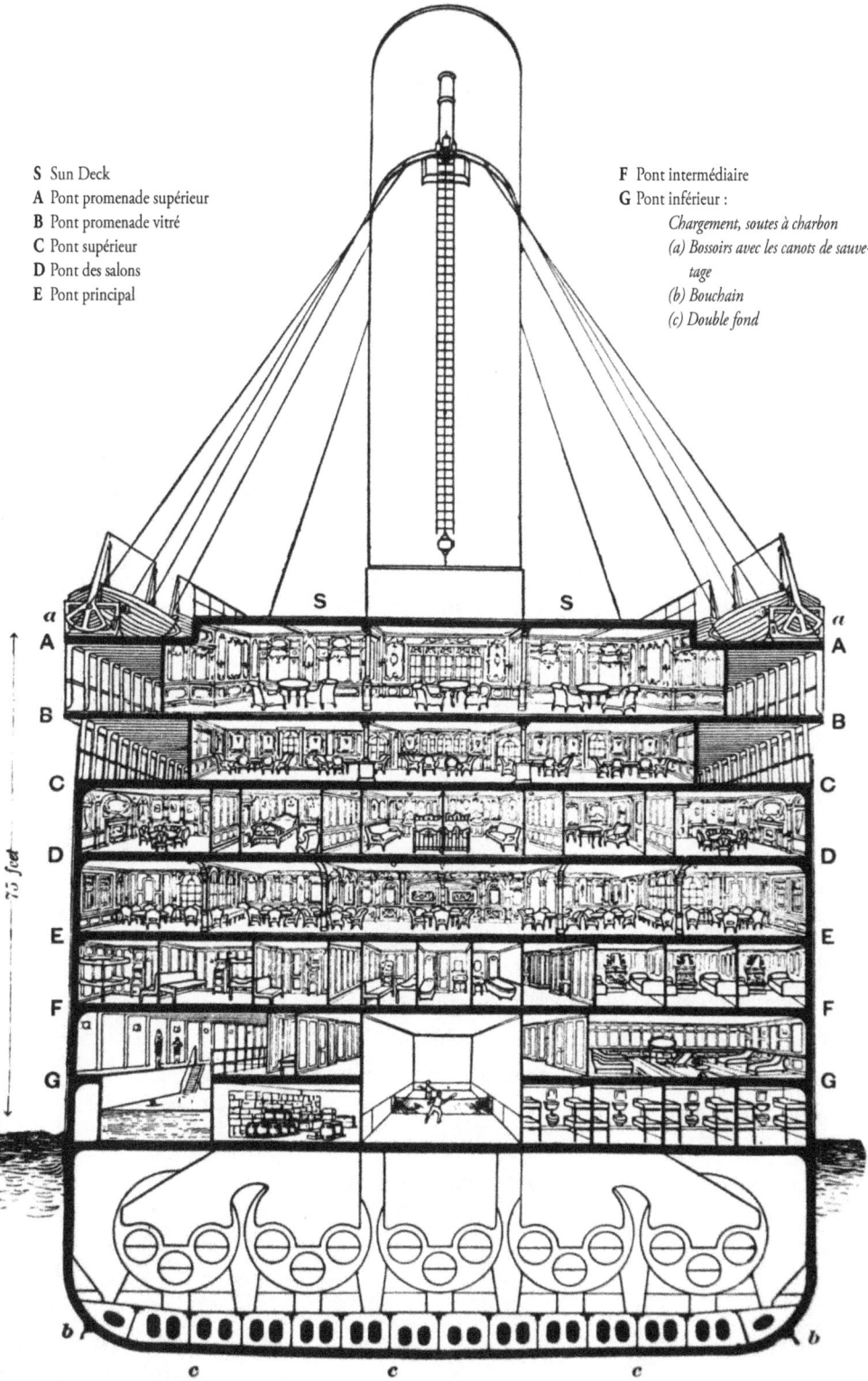

S Sun Deck
A Pont promenade supérieur
B Pont promenade vitré
C Pont supérieur
D Pont des salons
E Pont principal

F Pont intermédiaire
G Pont inférieur :
Chargement, soutes à charbon
(a) Bossoirs avec les canots de sauve-
tage
(b) Bouchain
(c) Double fond

Figure 2. – Coupe transversale à la moitié du navire.

TABLE DES ILLUSTRATIONS

TABLE DES CHAPITRES

Durand-Peyroles Prestations Éditoriales
85200 Bourneau – France

—

Dépôt légal : avril 2021

230706

www.ingramcontent.com/pod-product-compliance
Lightning Source LLC
La Vergne TN
LVHW011233080426
835509LV00005B/479